სამშვინველი, სული და სხეული (II)

სამშვინველი, სული და სხეული (II)

დოქტორი ჯაეროკ ლი

სამშვინველი, სული და სხეული (II) დოქტორი ჯაროყ ლისგან
გამოქვეყნებულია ურიმ ბუქსის მიერ (წარმომადგენელი:
სეონგკეონ ვინი)
235-3, Guro-dong3, Guro-gu, სეული, კორეა
www.urimbooks.com

ყველა ციტატა ამოღებულია ბიბლიის თარგმნის ინსტიტუტის
რუსეთი/CIS ქართული ბიბლიიდან (2002). გამოყენებულია
ნებართვით. გამოყენებულია ნებართვით.

პირველი გამოცემა 2012 წლის ნოემბერი

მანამდე გამოქვეყნებულია კორეულად 2010 წელს ურიმ
ბუქსისგან.
რედაქტირებულია დოქტორი გეუმსუნ ვინის მიერ
ილუსტრირებულია ურიმ ბუქსის სარედაქციო ბიუროს მიერ
დაბეჭდილია ევონის ბეჭდვის კომპანიის მიერ
დამატებითი ინფორმაციისათვის დაგვიკავშირდით: urimbook@
hotmail.com

წინასიტყვაობა

მას შემდეგ რაც იესო ქრისტე მივიღე და დავიწყე ბიბლიის კითხვა, ღრმად ვლოცულობდი იმისათვის, რომ გამეგო ღმერთის გული. ღმერთმა მიპასუხა შვიდი წლის, და უთვალავი ლოცვების და მარხვების შემდეგ. მას შემდეგ რაც ეკლესია გავხსენი, ღმერთმა ამიხსნა ბიბლიის მრავალი ძნელად გასაგები სტროფები სული წმინდის შთაგონებით; ერთ-ერთი მათგანი ეხებოდა „სამშვინველს, სულს და სხეულს." ეს არის იდუმალი ამბავი, რომელიც გვაძლევს საშუალებას გავიგოთ ადამიანის წყარო და ასევე რომ გავუგოთ ჩვენს თავებს. ეს არის ის რაც სხვაგან არსად მომისმენია, და ჩემი სიხარული, რომლის აღწერაც შეუძლებელია.

როდესაც ვიქადაგე სამშვინველის, სულის და სხეულის შესახებ, უამრავი მტკიცებები და პასუხები გამოვლინდა კორეაში და საზღვარგარეთაც. ბევრი იძახის რომ გააცნობიერეს საკუთარი თავები, გაგეს თუ როგორი არსებები იყვნენ და მიიღეს პასუხები ბიბლიის უამრავ რთულ სტროფზე. ზოგიერთი მათგანი ამბობს, რომ ახლა მათ აქვთ

მიზანი გახდნენ სულის ადამიანები და მიიღონ მონაწილეობა ღმერთის ღვთაებრივ ბუნებაში და ცდილობენ ამას მიაღწიონ, როგორც 2 პეტრე 1:4-ში ვკითხულობთ, „რომელთაგანაც გვებოძა დიადი და ფასდაუდებელი აღთქმანი, რათა ამ ქვეყნად გულისთქმის ხრწნილებისაგან განრიდებულნი საღმრთო ბუნების თანაზიარნი გახდეთ.“

სუნ ძუს ომის ხელოვნება გვეუბნება, რომ თუ იცნობ შენს თავს და შენს მტერს, არასოდეს წააგებ არც ერთ ბრძოლას. ახსნა-განმარტებებმა „სამშვინველზე, სულზე და სხეულზე“ ნათელი მოჰფინა ჩვენი „საკუთარი მეს“ ღრმა ნაწილებს და ესენი გვასწავლიან ადამიანთა წარმოშობას. როდესაც ამ ახსნა-განმარტებებს საფუძვლიანად შევისწავლით და გავაცნობიერებთ, ჩვენ შეგვეძლება ნების მიერი ტიპის ადამიანს გავუგოთ. ასევე ჩვენ შევისწავლით გზებს, თუ როგორ უნდა დავამარცხოთ სიბნელის ძალები, რომლებიც ჩვენზე გავლენას ახდენენ, რათა წარვუძდვეთ გამარჯვებულ ქრისტიანულ ცხოვრებას.

სული, სამშვინველი და სხეულის მეორე ნაწილი კერძოდ ახსნის შემოქმედი ღმერთის წარმოშობის,

დიდი სულიერი სივრცის და სინათლის სივრცის შესახებ, სადაც ჩვენი სულები დაიმკვიდრებენ ადგილს. არსებობს მიახლოებითი ფერადი სურათები, რათა დაგეხმაროს უკეთ გაიგო ღმერთის და სივრცის ფორმა. როდესაც სივრცეების საიდუმლოებებს გავიგებთ და გავხდებით მთლიანი სულის ადამიანები, ჩვენ შეგვეძლება გავცდეთ ადამიანთა შეზღუდვებს, რათა ღმერთის სივრცე გამოვიყენოთ და შემდეგ ღმერთის ფორმის დანახვასაც კი შევძლებით. ამიტომ თქვა იესო ქრისტემ იოანე 14:12-ში „ჭეშმარიტად, ჭეშმარიტად გეუბნებით თქვენ: ვისაც მე ვწამვარ, საქმეს, რომელსაც მე ვაკეთებ, თვითონაც გააკეთებს, და მეტსაც გააკეთებს, ვინაიდან მე მამასთან მივალ.“

მე მადლობას ვუხდი გეუმსუნ ვინს, საგამომცემლო ბიუროს დირექტორს და მის პერსონალს. იმედი მაქვს, რომ ამ წიგნის მეშვეობით მკითხველები მზად იქნებიან შევიდნენ სინათლის სივრცეში და გამოცადონ ღმერთის სასწაულებრივი სივრცეები.

2010 წლის მარტი,
ჯაეროვ ლი

მეორე მოგზაურობის დაწყება სამშვინველზე, სულზე და სხეულზე

"თვით მშვიდობის ღმერთმა წვიდა-გყოთ მთელი სისრულით, რათა თქვენი სული, თქვენი სამშვინველი და თქვენი სხეული უმწიკვლოდ იქნეს დაცული ჩვენი უფლის იესო ქრისტეს მოსვლისთვის" (1 თესალონიკელთა 5:23).

დღეს, ვირტუალური სივრცე ყველასთვის ღიაა, ვისაც კი ინტერნეტის გამოყენების საშუალება აქვს, მაგრამ ხალხი მას სხვადასხვაგვარად იყენებს კომპიუტერული და ინტერნეტთან დაკავშირებული შესაძლებლობების მიხედვით. ანალოგიურად, იმდენად, რამდენადაც შეგვიძლია ღმერთის სივრცის გატება, ჩვენ გვესმის ბიბლიაში ჩაწერილი გასაოცარი სასწაულები და უნარი გვაქვს ღმერთის ასეთი სამუშაოები ჩვენს ყოველდღიურ ცხოვრებაში გამოვცადოთ.

ბიბლია გვუბნება უამრავი შემთხვევის შესახებ, რომლიდანაც ჩვენ ვიგებთ ღმერთის სივრცეს. როდესაც სტეფანე წამებული გახდა ქვებით ჩაქოლვისას, ზეცის ჭიშკარი გაიღო და მან დაინახა ღმერთის მარჯვნივ მდგომი ადამიანის ძე (საქმე 7:56). ეს იმიტომ იყო შესაძლებელი, რომ ღმერთმა გააღო მეოთხე ზეცის სივრცე. პეტრე ციხეში გამოამწყვდიეს სახარების ქადაგებისთვის, მაგრამ ანგელოზების დახმარებით იგი განთავისუფლდა. პავლე მოციქულს ჰქონდა მსგავსი შემთხვევა, როდესაც ციხეში ჩააგდეს ფილიპეში. ღმერთმა გააღო მესამე ზეცის

სივრცე, რათა გაეგზავნა ძლიერი ანგელოზი, რომელმაც მოარყია ჯაჭვები და გააღო კარიბჭეები.

როდესაც მთლიანი სულის გულს ჩამოვაყალიბებთ, ჩვენ შეგვეძლება ღმერთის სივრცის გამოყენება დედამიწაზე და არაფერი იქნება შეუძლებელი. გარდა ამისა, მომავალში ჩვენ ვისიამოვნებთ საუკუნო სიცოცხლით და კურთხევებით ახალ იერუსალიმში. მეორეს მხრივ, ადამიანმა, რომელიც ჯერ არ გამხდარა მთლიანი სული, უნდა შეასრულოს სამართლიანობის ზომა, რათა ღმერთის სივრცის გამოყენება შეძლოს. ეს წიგნი სავსეა ისეთი ამბებით, რომლებიც გავრცელებულია სულის უსაზღვრო სივრცეში.

ეს წიგნი ეხმარება მკითხველს გააკეთოს შემდეგი:

1. წიგნი ეხმარება ადამიანებს გაიგონ ღმერთის სიყვარული, რომელმაც დაყო სივრცეები, განზომილებები და სინათლე და სიბნელე ადამიანთა გამენების განტებაში, რათა ჭეშმარიტი შვილები შეიძინოს. როდესაც იესო ქრისტეს მივიღებთ და რწმენით ვიმოქმედებთ, ჩვენ შეგვეძლება ვისარგებლოთ სინათლის შვილის სახელით და წავიდეთ სინათლის ლამაზ სივრცეში.

2. ზეცა მღებარეობს სინათლის სივრცეში. იგი დაყოფილია მრავალ საცხოვრებელ ადგილად სამოთხიდან დაწყებული ახალი იერუსალიმით დამთავრებული. ჩვენ ზეცაში ვიცხოვრებთ სრულყოფილ ზეციურ სხეულებში. სიამოვნებას მივიღებთ საუკუნო სიცოცხლით ზეცაში, რომელიც სავსეა სიხარულითა და ბედნიერებით და ეს არის ჩვენდამი ღმერთის საჩუქარი.

3. მარტო ღვთის ძალაა, რომელიც გვხდის ღმერთის ჭეშმარიტ შვილებად, რომლებსაც ღმერთის გამოსახულება გვაქვს. ღმერთის ძალის მეშვეობით, ჩვენ შევიძლია სინათლის ლამაზ სივრცეში შესვლა და ასევე სასწაულებრივი და გასაოცარი სამუშაოების გამოცდა, რომლებიც დედამიწაზე ადამიანთა საზღვრებს აღემატება.

სარჩევი

სამშვინველი, სული და სხეული (I)

სულიერი სამყაროს დიდი სივრცე

რა მოხდა ზეცაში შექმნამდე?
როგორ შეიქმნა სინათლის და სიბნელის სამყაროები?

"ეს არის ამბავი, რომელიც ვისმინეთ მისგან, და გაუწყებთ, რომ ღმერთი არის ნათელი და არ არის მასში არავითარი ბნელი."
1 იოანე 1:5

"ამაღლებული ძველთუქველეს ცათა ცაში – აგერ ის გამოსცემს თავისი ხმით ძლიერების ხმას."
ფსალმუნნი 68:33

თავი 1
სიბნელე და სინათლე

არა მხოლოდ დასანახ სამყაროშია სინათლე და სიბნელე, არამედ სულიერ სამყაროშიც არსებობს სინათლის და სიბნელის სივრცეები. რა არის მიზეზი იმისა, რომ ღმერთმა დაუშვა სიბნელის სივრცის არსებობა და ვინ არის სიბნელის მმართველი?

დიდი სულიერი სამყარო და ჯეშმარიტი ღმერთი

ღმერთმა დაგეგმა ადამიანთა გაშენება

ჯეშმარიტი ღმერთი გახდა სამება

ღმერთმა შექმნა ანგელოზები და ქერუბიმი

ლუციფერის წარუმატებელი აჯანყება

ღმერთის განზება სინათლისა და სიბნელის დაყოფაში

ბავშვობაში ჩაგდინებია როდესმე ვარსკვლავების დათვლისას? მე მჯერა, რომ ბევრ თქვენგანს გაჰქვთ ასეთი მოგონება. არსებობს უამრავი ვარსკვლავი, რომელთა დანახვაც შესაძლებელია ჩვენი თვალებით, მაგრამ ასევე არსებობს ვარსკვლავები, რომელთა დანახვაც არ შეგვიძლია. რამხელაა სამყარო?

მეცნიერების განვითარებითაც კი, ადამიანებმა ვერ შეძლეს სამყაროს სიდიდის გამოთვლა. ეს იმიტომ, რომ სამყარო უსაზღვროდ დიდი სივრცეა. პლანეტები, როგორიც არის დედამიწა, ერთად იყრიბებიან, რათა ჩამოაყალიბონ მზის სისტემა, და მზის სისტემები და სხვა ზეციური სხეულები იყრიბებიან გალაქტიკის ჩამოსაყალიბებლად. შემდეგ კი მრავალრიცხოვანი გალაქტიკები აყალიბებენ გალაქტიკების ჯგუფვებს და ისინი კი მიკროკოსმოსებს და მიკროკოსმოსები კი ქმნიან დიდ სამყაროს.

მზის სისტემის ზომა ჩვენს გალაქტიკაში ჩანს მხოლოდ პატარა წერტილივით ჩანს. ეს გალაქტიკაც უბრალო პატარა წერტილივით არის მთელს სამყაროსთან შედარებით. მხოლოდ ამ ფიზიკური სამყაროს გაზომვაც კი შეუძლებელია ყველაზე განვითარებული მეცნიერული მოწყობილობებით. მაგრამ, სულიერ სივრცესთან შედარებით, ესეც მხოლოდ პატარა ნაწილია.

გარდა ამ ფიზიკური სამყაროსი, რომელსაც ჩვენ ვხედავთ, არსებობს სულიერი სივრცე, რომელიც

უსაზღვროდ იჭიმება სხვა განზომილებაში. ბიბლია ახსენებს მრავალ „ზეცებს".

რჯული 10:14-ში ვკითხულობთ შემდეგს, „აჰა, უფლის, შენი ღვთისაა ცანი და ცანი ცათანი, ქვეყანა და ყველაფერი, რაც მასშია," და ნეემია 9:6-ში „უფალო, შენ ერთადერთი ხარ; შენ შეჰქმენ ცანი და ცანი ცათანი თავისი მორთულობით, მიწა და ყველაფერი, რაც მასზეა, ზღვები და რაც მათშია; ამის ყველაფერის მაცოცხლებელი შენა ხარ და ზეცის მხედრობა შენ გეთაყვანება."

როგორ დაიწყეს ზეცებმა არსებობა და რა მოხდა ამ ზეცებში სამყაროს შექმნამდე? მოდით დავუბრუნდეთ დროს სამყაროს შექმნამდე. ეს იყო სამყაროსა და გალაქტიკამდე, რომლებიც ჩვენ ვიცით რომ არსებობენ. სამყარო მაშინ არ იყო იგივე, რაც დღეს არის. ეს იყო ერთი უზარმაზარი სივრცე სულიერ და ფიზიკურ სივრცეებს შორის ყოველგვარი განსხვავების გარეშე.

დიდი სულიერი სამყარო და ჭეშმარიტი ღმერთი

დიდი სულიერი სივრცე გულისხმობს თავდაპირველ სამყაროს. როგორც მთლიანს. ეს იყო სივრცე, რომელიც თავდაპირველმა ღმერთმა წლებამდე მიიღო. აქ „თავდაპირველი ღმერთი" გულისხმობს ღმერთს, რომელიც შექმნამდე არსებობდა როგორც ნათელი და სიტყვა. თავდაპირველი სამყარო გულისხმობს სამყაროს, სადაც თავდაპირველი ღმერთი მარტო არსებობდა.

რა იყო ღმერთის თავდაპირველი შესახედაობა? წარმოიდგინე როგორ ავსებენ ლამაზი შუქები დიდ სამყაროს ტალღოვანი მოძრაობებით. როგორც 1 იოანე 1:5-ში წერია, „ღმერთი არის ნათელი," ღმერთი გადაიჭიმა მთელს პირველ სამყაროზე ასეთი ლამაზი და ბრწყინვალე შუქების ფორმით.

„ჩრდილოეთის ნათება" გვეხმარება გავიგოთ თავდაპირველი ღმერთის ეს ფორმა. ჩრდილოეთის ნათებები არის ცაში პოლარულ რეგიონებთან. მათ ჩვეულებრივ ლამაზი წითელი, ლურჯი, ყვითელი, ღია მწვანე ან ვარდისფერი ფერები აქვთ. ნათქვამია, რომ ჩრდილოეთის ნათების შუქები ისეთი ლამაზია, რომ მათ ვისაც ეს ნანახი აქვთ, ვერასოდეს დაივიწყებენ მის სილამაზეს.

რომაელთა 1:20 ქადაგებს შემდეგს, „და მართლაც, მისი უხილავი სრულყოფილება, წარუვალი ძალა და ღვთაებრიობა, ქვეყნიერების დასაბამიდან მისსავ ქმნილებებში ცნაურდება და ხილული ხდება: ასე რომ, არა აქვთ პატიება." ღმერთმა ასეთი შუქები იმიტომ შექმნა, რომ გავიგოთ ღმერთის თავდაპირველი შესახედაობა.

თავდაპირველ ღმერთს ჰქონდა წმინდა და სუფთა, მაგრამ დიადი ხმა ნათელში, რომელიც ტალღასავით მოძრაობდა. გაგონილი გაქვთ ჩურჩულის მსგავსი ხმა, რომელიც თან დაჰყვება ნაზ სიოს? ზღვიდან წამოსულ ქარში შენ გესმის ტალღების ნაზი ხმა. ქარის ხმის მსგავსი, თავდაპირველი ნათებიდან წამოსული ლამაზი ხმა. როგორც ქარს მოაქვს ხმა, თავდაპირველი ხმა გავრცელდა თავდაპირველ ნათებასთან ერთად მთელს სამყაროში.

თუმცა, თუ კი ღმერთის ხმას ერთხელ მაინც გაიგებ, ამ ხმას შენ ვერასოდეს დაივიწყებ. მე ეს რამდენჯერმე გავიგონე და ძალიან დიდებული, წმინდა და სუფთა იყო. სინამდვილეში ღმერთის ხმა არის მკაფიო და წმინდა, ტკბილი და მაინც ისეთი დიადი, რომ მთელს სამყაროში ისმის.

იოანე 1:1-ში წერია "დასაბამიდან იყო სიტყვა, და სიტყვა იყო ღმერთთან და ღმერთი იყო სიტყვა." ეს სიტყვა, რომელიც დასაწყისში იყო, არის თავდაპირველი ხმა, რომელიც მელოდიას გამოსცემდა თავდაპირველი სინათლიდან. ზემოთა სტროფმა ღმერთი გამოხატა როგორც „სიტყვა", რომელიც არის

არსი, და არა როგორც ღმერთის ფორმა, რომელიც ნათელია. „სიტყვა" არის დედაარსი და „ღმერთი" არის ამ დედაარსისთვის მიცემული სახელი. ამგვარად, ღმერთის არსი არის „სიტყვა" და მისი არსებობა იყო სინათლის და ხმის ფორმაში, რომელიც ავსებდა მთელს სამყაროს.

ღმერთმა დაგეგმა ადამიანთა გაშენება

უსაზღვრო დროის გარკვეულ მომენტში, ღმერთმა, რომელიც მარტო არსებობდა, დაგეგმა „ადამიანთა გაშენება":

„რა მოხდებოდა თუ ვი იქნებოდა არსება, რომელსაც ეცოდინებოდა ამ დიდი სამყაროს და ჩემი გულის შესახებ და რომელსაც სიყვარულს გავუზიარებდი? რა იქნებოდა თუ ვი მას შეექლებოდა ჩემი გულის გატება და მიღება და ემოციების, რომლებსაც მე მას ვუზიარებ და საწააცვლოდ იგი თავის გულს მომცემდა მე? როგორი ბედნიერი და სასიხარულო იქნებოდა ეს ყველაფერი!"

ღმერთს სურდა სხვა არსება, რომელთანაც იგი შეძლებდა ურთიერთობას და გაუზიარებდა მას მთელს სამყაროს. კერძოდ, ღმერთს სურდა არსება, რომელსაც იგი თავის სიყვარულს გაუზიარებდა. ღმერთმა შეჰქნა „ადამიანთა გაშენების" გეგმა იმის სურვილით, რომ დაეწყო ახალი სამუშაო ჭეშმარიტი შვილების მისაღებად.

როგორ ფიქრობ, რა იყო პირველი რამ, რაც ღმერთმა გააკეთა ადამიანთა გაშენების გეგმაში? ღმერთი წინათ არსებობდა როგორც სინათლე, რომელიც მთელს სამყაროში იყო გავრცელებული, მაგრამ იგი გაერთიანდა სულიერ სამყაროსთან და შეჰქნა სინათლის ფორმა. როდესაც სინათლესთან

გაერთიანდა, „ზეცების" სხვადასხვა განზომილებები შეიქმნა. აქ „ზეცა" არის სამყაროს სივრცის სინონიმი. თავდაპირველად არსებობდა მხოლოდ ერთი სამყარო, მაგრამ როდესაც თავდაპირველი ღმერთი გაერთიანდა და ჩამოყალიბდა როგორც ერთი სინათლე, სამყაროში სხვადასხვა სივრცეები შეიქმნა. ეს იმიტომ, რომ როდესაც სამყაროში გავრცელებული სინათლეები შეიკრიბნენ სულიერი სამყაროს მწვერვალზე, შეიქმნა სხვადასხვა სივრცეები სინათლის სიპაშპაშის თანახმად.

წარსულში, თავდაპირველ სამყაროში სინათლის სიპაშპაშე ყველგან ერთი და იგივე იყო, მაგრამ ახლა სულიერი სამყაროს მწვერვალი გახდა ყველაზე კაშკაშა. მაგალითად, თუ კი 10000 ნათურას თანაბრად გაანაწილებ დარბაზში, იქ სიპაშპაშე ყველგან ერთი და იგივე იქნება. მაგრამ რა მოხდებოდა, თუ კი ისეთ ნათურას, რომელიც იმ 10000 ნათურის სიპაშპაშეს უდრის, დარბაზის ცენტრში მოათავსებდი? ცენტრალურ ტერიტორიასთან ახლოს სინათლე უფრო კაშკაშა იქნებოდა და სამყაროც მით უფრო ჭეშმარიტი ხდება რაც უფრო მეტად იზრდება მანძილი. ამგვარად, როდესაც თავდაპირველი სინათლე გახდა ერთი გაერთიანებული სინათლე, სხვადასხვა სივრცეები შეიქმნა სივრცეში მყოფი სიპაშპაშის განსხვავებების თანახმად.

თავდაპირველი სინათლე არის სულიერი სინათლე და როდესაც სინათლის სიპაშპაშე შეიცვალა, სულიერი ბუნების სიხშირეც შეიცვალა. როდესაც თავდაპირველი სინათლე გახდა ერთი სინათლე, სინათლის სიპაშპაშე და სულის სიხშირ გახდა ნაკლებად ხშირი, რადგან მანძილი საწყისიდან გაიზარდა. მაშასადამე, თავდაპირველი სამყარო, რომელიც არსებობდა როგორც ერთი სივრცე დაიყო ოთხ სხვადასხვა სამყაროებად სინათლის სიპაშპაშის და სულის სიხშირის შესაბამისად. ღმერთმა მათ დაარქვა პირველი, მეორე, მესამე და მეოთხე ზეცები.

ადგილი, სადაც თავდაპირველი ღმერთი გაერთიანდა სინათლესთან არის მეტად განსაკუთრებული ადგილი, რომელიც ეკუთვნის მეოთხე ზეცას. ამიტომ, სინათლე მეოთხე ზეცაში ყველაზე კაშკაშაა ისევე, როგორც სულის სიხშირე. მესამე ზეცას აქვს ნაკლები სინათლის სიკაშკაშე და სულის სიხშირე ვიდრე მეოთხე ზეცას და იტივეა მეორე ზეცაშიც. სულიერი სამყარო შედგება მეორე ზეციდან მეოთხე ზეცამდე. პირველი ზეცა არის ფიზიკური სამყარო, რომელსაც ჩვენი თვალებით ვხედავთ. ეს არის სამყარო, სადაც სულის ბუნება თითქმის მთლიანად წაღებულ იქნა, როდესაც ღმერთი გაერთიანდა სინათლესთან და ამგვარად იგი სავსეა სულის მაგივრად ხორცის ბუნებით.

ფიზიკურ სივრცეში, თუ კი გარკვეულ სივრცეს ოთხ ნაწილად დაყოფ, თითოეული მათგანი პატარა იქნება თავდაპირველ სივრცეზე. მაგრამ ეს ასე არ ხდება სულიერ სივრცეში. ეს იმიტომ, რომ სულიერ სამყაროში არ არსებობს საზღვრები. როდესაც დიდი უსაზღვრო სამყარო ოთხ ნაწილად დაიყო, ეს ოთხი ნაწილი იყო დიდი უსაზღვრო სამყაროები. ამიტომ, მიუხედავად იმისა, რომ თავდაპირველი სამყარო ოთხ ზეცად დაიყო, თითოეულ ზეცაში არ არსებობს საზღვარი. არა მხოლოდ მეორე, მესამე და მეოთხე ზეცებს, არამედ პირველ ზეცასაც კი არ აქვს საზღვარი, რომელიც ხორციელი სამყაროა.

გამოყენების მიხედვით, ღმერთმა სხვადასხვა ზეცები შექმნა. პირველი, ღმერთმა პირველი ზეცა გამოყო ადამიანთა გაშენებისათვის. მეორე ზეცა გამზადებული იყო როგორც სივრცე სიბნელის სულებისათვის, რომლებიც საჭირონი არიან ადამიანთა გაშენებისათვის. მაგრამ ეს ასევე იყო ადამისთვის, რომელიც შეიქმნა როგორც ცოცხალი სული. მესამე ზეცა გამოყოფილი იყო, რათა აშენებულიყო ზეციური სამეფო, სადაც ადამიანთა გაშენებით მოპოვებული კარგი ხორბალი შევიდოდა.

საბოლოოდ, მეოთხე ზეცა არის ღმერთისთვის განკუთვნილი ადგილი. ეს ადგილი იგივე განზომილებაა რაც თავდაპირველი სამყარო იყო.

როდესაც სამყარო პირველად დაიყო ოთხ ზეცად, ამ ზეცებს არანაირი შიგთავსი არ ჰქონიათ. მაგრამ ეს იმას არ ნიშნავს, რომ მთლიანად ცარიელი იყო. თავდაპირველ სამყაროში არსებობდა უთვალავი ვარსკვლავი. პირველ ზეცაში, დედამიწაზე, მზის სისტემა და გალაქტიკა ჯერ არ იყო შექმნილი. მესამე ზეცაში, ზეციური სამყარო ჯერ არ იყო შექმნილი. ეს იყო მხოლოდ შესაფერისი ადგილი ზეციური სამეფოსათვის. ამ სიკვცის დაყოფის შემდეგ, ღმერთმა ამ სიკვცეების ავსება თავისი შემოქმედებებით დაიწყო.

ჭეშმარიტი ღმერთი გახდა სამება

ღმერთმა ჯერ თავისი თავი დაყო სამ სინათლედ. მიუხედავად იმისა, რომ თავდაპირველი სინათლე სამად დაიყო, ეს სამი ნაწილი არ არის დაყოფილი ან განსხვავებული, არამედ ისინი თავდაპირველი სინათლესავით არიან.

თავდაპირველი სინათლე არსებობდა როგორც ერთი და შემდეგი ორი სინათლე ახლად შექმნილი იყო. სამ სინათლედ გახდომის შემდეგ, სინათლეებს ჩამოუყალიბდათ სულიერი ფორმა, რომელიც ადამიანის ფორმასავით არის. მათ დაიწყეს არსებობა, როგორც მამა ღმერთი, შვილი ღმერთი, და ღმერთი სული წმინდა. მას შემდეგ რაც თავდაპირველი ღმერთი სამად დაიყო, თითოეულმა მათგანმა მიიღო საკუთარი სულიერი სხეული, რომლებიც ერთმანეთისგან სულ ცოტათი განსხვავდება. მაგრამ სულიერ სხეულებში თვითონ სულები ერთი და იგივე თავდაპირველი ღმერთისგან მოდის, ამიტომ ადამიანმა შეიძლება თქვას, რომ სამი არიან ერთნი, აქვთ ერთი და იგივე გული, აზრები, ძალა და სიბრძნე.

ამიტომ მივმართავთ მამა ღმერთს, შვილ ღმერთს და ღმერთ სული წმინდას როგორც სამებას. ღმერთმა პირველი ისეთი რაღაცეები შექმნა, რაც საჭირო იყო იმ სივრცისათვის, სადაც თვითონ ცხოვრობდა. როდესაც ღმერთი მარტო არსებობდა როგორც სინათლე და სიტყვა, მას არ სჭირდებოდა საცხოვრებელი ადგილი. მაგრამ რადგან ახლა მას ფორმა ჰქონდა, საცხოვრებელი ადგილი საჭირო იყო.

როდესაც ღმერთი მეოთხე ზეცაში რჩება, მან ან შეიძლება მიიღოს ფორმა ან შეიძლება არა. მეოთხე ზეცაში მას ფორმის შეცვლა როგორც უნდა ისე შეუძლია და რადგან ზოგჯერ მას ფორმა აქვს მიღებული, იქ საცხოვრებელი ადგილია მოთავსებული. ღმერთს ყოველთვის აქვს ფორმა მესამე ზეცაში, სადაც ზეცის სამეფოცაა და ამგვარად, მან იქ თავისთვის შექმნა საცხოვრებელი ადგილი. ღმერთმა ასევე დაიწყო სულიერი არსებების შექმნა, რომლებიც მოემსახურებოდნენ მას.

ღმერთმა შექმნა ანგელოზები და ქერუბიმი

არსებობს ორი ტიპის სულიერი არსება, რომლებიც ღმერთმა შექმნა; ესენი არიან „ანგელოზები" და „ქერუბიმი". ანგელოზი არის ადამიანივით, მაგრამ მას ფრთეები აქვს (აპოკალიფსი 14:6). ადამიანები შეიქმნენ ღმერთის წარმოსახვით, და ასევე ანგელოზებიც (მარკოზი 16:5). ანგელოზებს მხოლოდ ღმერთის გარე გამოსახულება აქვთ, როდესაც ადამიანებს გამოსახულებაც და ღმერთის გულიც აქვთ.

რამხელები არიან ანგელოზები? არსებობენ ანგელოზები, რომლებიც ადამიანებივით არიან. თუმცა, ასევე არსებობენ ძალიან პატარა და ძალიან დიდი ანგელოზებიც. მათი ფორმა და მახასიათებლები განსხვავდება მათი როლების მიხედვით.

მაგალითად, ანგელოზი, რომელიც თამაშობს

ჯარის სარდლის როლს, მამრობითი სქესის
ანგელოზი უფრო შესაფერისი იქნებოდა. ცეკვისა და
სიმღერისათვის, მდედრობითი სქესის ანგელოზები
უფრო შესაფერისები იქნებოდნენ. რა თქმა უნდა,
ეს იმას არ ნიშნავს, რომ არ არსებობენ მამრობითი
სქესის ანგელოზები, რომლებიც ცეკვავენ. როგორც
დედამიწაზე მამაკაცი მოცეკვავეები არიან და
თამაშობენ თავიანთ როლებს, ასევე არსებობენ
მამრობითი სქესის ანგელოზებიც. მაგრამ მათი
არსებობა, როგორც მამრობითი ან მდედრობითი
სქესის ანგელოზები არ ნიშნავს იმას, რომ ხასიათებში
და შესახედაობაში მათ აქვთ სქესი. ეს უბრალოდ იმას
ნიშნავს, რომ მათი შესახედაობა და ქცევები აღიქმება,
როგორც მამაკაცის ან ქალის.

ანგელოზები ემსახურებიან ღმერთს და ასრულებენ
მის მიცემულ მოვალეობებს. არსებობს მრავალი
სახის მოვალეობა და ასევე არსებობს უთვალავი
რაოდენობის ანგელოზი.

„ყველა ანგელოზი, რომელიც იდგა ტახტის,
უხუცესებისა და ოთხი ცხოველის ირგვლივ, პირქვე
დაემხო ტახტის წინაშე, თაყვანი სცა ღმერთს"
(აპოკალიფსი 7:11).

„ვიხილე ზეცით ჩამომავალი სხვა ანგელოზი
ძლიერი, რომელსაც ემოსა ღრუბელი; თავს
ცისარტყელა ედგა და მისი სახე იყო როგორც მზე,
ფეხები კი - როგორც ცეცხლის სვეტნი" (აპოკალიფსი
10:1).

„განა ყველანი მომსახურე სულები არ არიან, მათდა
სამსახურად მოვლინებულნი, რომელთაც უნდა
დაიმკვიდრონ საუკუნო სიცოცხლე?" (ებრაელთა 1:14).

მათ შორის, როდესაც არსებობენ ანგელოზები,

რომლებსაც გადაეცემათ განსაკუთრებული მოვალეობები სულიერ სამეფოში, ასევე არსებობენ სხვა ანგელოზებიც, რომლებიც დედამიწაზე ღმერთის შვილებს ემსახურებიან. თითოეული მორწმუნისათვის განკუთვნილი ანგელოზების რაოდენობა განსხვავდებოდეს იქნება იმის და მიხედვით, თუ რამდენად არის ადამიანი კურთხეული იმისათვის, რომ სულის ან მთლიანი სულის ადამიანი გახდეს. იერარქია ანგელოზებს შორის დაყენებულია და მკაცრად იცავენ მას მათი მეპატრონეების სულიერი იერარქიის თანახმად. ასევე, არსებობენ ანგელოზები, რომლებიც დანიშნულნი არიან თითოეულ ადამიანზე, მიუხედავად იმისა ეს ადამიანი მორწმუნეა თუ არა. ესენი არიან ანგელოზები, რომლებიც იწერენ დედამიწაზე მცხოვრები თითოეული ადამიანის ყოველ სიტყვას და ქცევას.

რ
ოდესაც ანგელოზებს ადამიანების გამოსახულება აქვთ, ქერუბიმს აქვს სხვადასხვა ცხოველების ფორმა. იმ ქერუბიმებს, რომლებიც თან ახლდებიან ღმერთს, აქვთ ცხოველების სხვადასხვა ფორმები, როგორიცაა ლომი, არწივი და ძროხა ან ხარი. ფსალმუნნი 18:10-ში ვკითხულობთ „ქერუბიმებზე ამხედრდა და გაფრინდა, და გაეშურა ქარის ფრთებით.“

დრაკონები, რომლებზეც ადამიანები ფიქრობენ რომ წარმოსახვითი ცხოველები არიან, სინამდვილეში ისინი ერთ-ერთი ქერუბიმები იყვნენ. დრაკონი, რომელიც ღმერთმა პირველად შექმნა იყო ძალიან ლამაზი და მომხიბლავი და ღმერთისთვის იგი საყვარელი ცხოველივით იყო. მას ჰქონდა რბილი ბეწვი და ხელები და ფეხები და მისი სხვადასხვა ლამაზი ფერების აღწერა კი სიტყვებით შეუძლებელია. დრაკონები იყვნენ ქერუბიმების მეთაურები და ჰქონდათ დიდი ძალაუფლება. ისინი აკონტროლებენ დიდი რაოდენობით მომასწავლებლებს.

ქერუბიმებს შორის არის „ოთხი ცოცხალი არსება“.

ისინი გამოიყურებიან როგორც ფოლადის მყარი მასა მუქი ფერით. ამ ოთხ ცოცხალ არსებას ღმერთის დავალებით მოაქვთ დიდი უბედურებები და სასჯელები. ისინი აჩვენებენ ღმერთის ღირსებასა და ძალაუფლებას. მათ აქვთ ერთი თავი, მაგრამ ოთხი სახე, რომლებიც არის ადამიანი, ლომის, ხბოს და არწივის სახეები. მათ შუაში არის ცეცხლი, რომელიც ადის ზემოთ და ქვემოთ. მათი მთელი სხეული სავსეა თვალებით და უყურებენ ყველაფერს.

რ#დესაც ღმერთმა ანგელოზები და ქერუბიმები შექმნა, მას მათთვის არ მიუცია თავისუფალი ნება, რომელიც ადამიანებს მისცა. ისინი უბრალოდ ემორჩილებოდნენ ღმერთის მიერ მიცემულ ბრძანებებს იერარქიის თანახმად. დღესაც კი ღმერთი ბატონობს მთელს სამყაროზე ამ ანგელოზებითა და ქერუბიმებით.

სულიერი სამყარო არის კარგად ორგანიზებული და სისტემაში მოყვანილი.

ბიბლიაშიც წერია ცის მნათებებსა და მთავარანგელოზებზე. ლუკა 2:13-ში წერია, „ანაზდად გაჩნდა ანგელოზთან ციურ მოლაშქრეთა სიმრავლე, ადიდებდნენ ღმერთს და ამბობდნენ.“
ასევე, 1 თესალონიკელთა 4:16-ში წერია, „ვინაიდან თვით უფალი, მბრძანებლური სიტყვით, მთავარანგელოზის ხმობითა და ღვთის საყვირის ხმით, გადმოვა ზეცით, და პირველნი აღდებიან ქრისტეში განსვენებულნი.“ ის ფაქტი, რომ არსებობენ მთავარანგელოზები, გვეუბნება იმას, რომ ანგელოზების სამყაროში არსებობს თანმიმდევრობა.
მთავარანგელოზები ათვალიერებენ ყოველ ასპექტს; ისინი იქცევიან, როგორც ღმერთის ხელები და ფეხები და თვალები და ყურები. ასევე ისინი იღებენ ბრძანებებს და ანგარიშს აბარებენ პირდაპირ ღმერთს. ამ მთავარანგელოზებს ქვემოთ არიან

დამხმარეები, მათ უამრავი ანგელოზი ეხმარება. ეს მთავარანგელოზები არ განაგებენ ყველა ანგელოზთა ჯგუფს; მათ ჰყავთ სხვა მთავარი ანგელოზები, რომლებიც მართავენ კონკრეტულ ანგელოზთა ჯგუფს. ამ სისტემაში, როდესაც ბრძანება გაიცემა, ის გადაიცემა სწორად და ყოველი ანგარიშში სრულყოფილად შეცდომების გარეშეა. მიუხედავად იმისა, რომ უამრავი ნაბიჯია, ეს პროცესი დაუყოვნებლივ ხორციელდება.

ანგელოზების დახმარებით ტახტზე მჯდომარე ღმერთს შეუძლია მართოს ყველაფერი და დედამიწაზე ყურადღება მიაქციოს თითოეულ ადამიანს. რა თქმა უნდა, ღმერთი არის ყოვლისშემძლე და შეუძლია თვითონ დააათვალიეროს ყველაფერი. მიუხედავად ამისა, ანგელოზები ღმერთს ატყობინებენ ყველაფერს. ამ გზით, ანგელოზები არა მხოლოდ მომსხსენებლები იქნებიან, არამედ თავიანთი მოხსენების თვითმხილველებიც. ეს ღმერთის სამართლიანობას უფრო მეტ ნათელს მატყებს.

მაგალითად, ჩვენ შეგვიძლია ვისაუბროთ სოდომის და გომორის დაქცევაზე. დაბადება 19:1-ში წერია, „შევიდა ორი ანგელოზი სოდომში საღამო ხანს.“ ღმერთმა ანგელოზები კიდევ ერთხელ გაგზავნა შესამოწმებლად სანამ სოდომსა და გომორს სასჯელს გაუგზავნიდა. და ხალხმა იქ აჩვენა მეამბოხე საქციელები. მათ ამ ანგელოზებზე ზიანის მიყენებაც ჯი სცადეს. საბოლოოდ, ღმერთმა ცეცხლით დაასხა სოდომი და გომორი.

ერთ-ერთი ყველაზე ცნობილი მთავარანგელოზები არიან გაბრიელი და მიქაელი. გაბრიელი არის მომასწავებელი, რომელსაც მოაქვს განსაკუთრებული გამოცხადება ან ღმერთის სიტყვები. იგი არის დიდი და ღირსეული და აქვია გრძელ სახელოებიანი მანტია, რომელიც შეიცავს ღმერთის გამოცხადებას. ზუსტად როგორც მღვდელს, რომელიც მეფის ბრძანებას

აცხადებს, აქვს სიმბოლო, გაბრიელსაც აცვია მანტია, რომელსაც აქვს თარგი, რომელიც სამეფო მეჭედივით არის.

მიქაელ მთავარანგელოზი არის ჯარის მეთაურივით და თვალებში აქვს ღირსეაბ. მას აცვია ჯავშნიანი სამოსი და ქამარი წელს გარშემო, რომელსაც მრავალი იარაღის დაჭერა შეუძლია. სულიერ სამყაროში იარაღების ქონა ნიშნავს იმას, რომ ღმერთი მას სულიერ ბრძოლებში ბრძოლის უფლებას აძლევს.

ასევე არსებობს ორი დიდი მთავარანგელოზი. მათ აქვთ მდედრობითი სქესის გამოხატულება და დიდი ძალა და უფლება. ისინი ჩვეულებრივ არ იღიმიან. თუ ისინი გამოჩდებიან, ღმერთის დიდი სასწაულები მოჰყვება მათ. ასევე ისეთი მაღლები არიან, რომ თუ ჯი მაღალი ჭერის მქონე შენობაში დადგებიან, შენ მხოლოდ მათი მანტიების კიდეებს დაინახავ. ჩვენ არ შეგვიძლია გავზომოთ მათი სიმაღლე, რადგან სულიერ სამყაროს აქვს სრულიად განსხვავებული გაზომვის კონცეფცია.

სამი მთავარანგელოზი, რომლებიც თვით ღმერთს ეკუთვნიან

გარდა ამ უამრავი ანგელოზისა, ღმერთმა შექმნა რამდენიმე ანგელოზი მხოლოდ თავისი კონტროლის ქვეშ, რომლებიც პირადად მას მოემსახურებოდნენ. ესენი იყვნენ სამი მთავარანგელოზი ლუციფერის ჩათვლით. მათ ჰქონდათ პოზიცია და ღირსება როგორც სხვა მთავარანგელოზებს, მაგრამ მათ დიდად განსაკუთრებული ძალაუფლება ჰქონდათ.

ზოგადად, სულიერ არსებებს არ ჰქონდათ თავისუფალი ნება. მათ მხოლოდ ღმერთზე უპირობოდ დამორჩილება შეეძლოთ. მაგრამ ამ სამ მთავარანგელოზს, ღმერთმა მისცა ადამიანურობა და თავისუფალი ნება, რომელიც მხოლოდ ადამიანებს შეუძლიათ ჰქონდეთ. ღმერთმა ისინი შექმნა, რომ

ჰკონოდათ ადამიანურობა და რათა გაეზიარებინა სიყვარული მათთან, მიუხედავად იმისა, რომ მათ არ შეექლოთ ზუსტად ღმერთის შვილებივით ყოფილიყვნენ. ღმერთმა უფლება მისცა მათ ემსახურათ გულით და გაეზიარებინათ სიხარულისა და ბედნიერების გრძნობები მასთან საკუთარი ნებით.

ამ მთავარანგელოზებს ჰკონდათ მდედრობითი სქესის შესახედაობა და ნაზი, მშვიდი და კეთილი გულები. სიტყვები, რომლებიც მათი პირებიდან ამოდიოდა, სავსე იყო კარგი სურნელებით და მათი ქცევები იყო მოხდენილი. მაგრამ თითოეულ მათგანს ჰკონდა მცირედი განსხვავება ხასიათებში. ლუცივერს ჰკონდა უფრო ძლიერი ხასიათები, ვიდრე სხვებს. ლუცივერი მუსიკაზე აგებდა პასუხს და სიამოვნებას ანიჭებდა ღმერთს ლამაზი ხმითა და მუსიკალური ინსტრუმენტებით. ღმერთი მისი დიდებით მეტად კმაყოფილი იყო და ძალიან უყვარდა იგი.

ერთხელ ღმერთმა ლუცივერი მაჩვენა. მას ეცვა დიდი და საუცხოო კაბა, რომელიც ძვირფასი ქვებით იყო მორთული. თმაზე ლამაზი ძვირფასეულობა ჰკონდა, რომელიც ძალიან უხდებოდა მის ქერა თმას. იგი უკრავდა დიდებულ მუსიკალურ ინსტრუმენტებზე. ძვირფასი ქვების მელოდია და ქება-დიდების ხმა ერთმანეთში შერეული და მოდებული როგორც ქარი დაიქროლებდა. ხმა ავიდა ღმერთთან და იყო ძალიან ლამაზი.

მაგრამ რადგან ღმერთს იგი ძალიან უყვარდა და ძალაუფლება ჰკონდა დიდი ხნის განმავლობაში, მის გონებაში ქედმაღლობამ დაიწყო ზრდა. როდესაც მან დაინახა ყველაფერი რასაც ღმერთი აკეთებდა და მისი დიდი ძალაუფლება, რომელიც აკონტროლებდა მთელს სულიერ სამყაროს, მას შეშურდა. ქედმაღლობა ისე გაიზარდა მის გონებაში, რომ ფიქრობდა, რომ მას ღმერთზე უკეთესად შეექლო ყველაფრის გაკეთება. საბოლოოდ, მან შექმნა გეგმა თავისი თავი ღმერთზე

16

მაღლა აეყვანა და დაიწყო ძალების შეკრება.

ლუციფერს იმხელა ძალაუფლება ჰქონდა, რომ მან ჯერ თავისი კონტროლის ქვეშ მყოფი ანგელოზების შეკრება დაიწყო. უამრავ ანგელოზთან ერთად, მან შეაცდინა დრაკონები და მათი კონტროლის ქვეშ მყოფი ქერუბიმები. მან მოატყუა ისინი ვითომ ღმერთისთვის საიდუმლო მისიას ასრულებდნენ.

ლუციფერის წარუმატებელი აჯანყება

ღმერთმა იცოდა ლუციფერის გონება და მისცა შანსი უკან მობრუნებულიყო. მან შეატყობინა მას აჯანყების შედეგების შესახებ, რათა თვალი გაესწორებინა რეალობისათვის. მაგრამ ქედმაღლობა უკვე დაუქვიდრებულიყო ლუციფერის გონებაში და არ მობრუნდა. ლუციფერი აუჯანყდა ღმერთს და დამარცხდა. იგი განიდევნა იმ სულიერ არსებებთან ერთად, რომლებიც მის მხარეს იყვნენ და ჩავარდა დედამიწის წიაღში.

ესაია 14:12-15 საუბრობს აჯანყების და ლუციფერის და საბოლოო შედეგის შესახებ:

როგორ ჩამოემხე ციდან, მთიებო, ქეო განთიადისა! მიწას დაენარცხე, ხალხთა მტარვალო! გუშინ ამბობდი: ცად ავხდები, ღვთის ვარსკვლავთა ზემოთ ტახტს დავიდგამ და დავჯდები საკრებულო მთაზე, ჩრდილო კალთებზე მაღლა ღრუბლებში ავიჩრები, უზენაესს გავუტოლდებიო! მაგრამ შავეთში ჩადიხარ, ქვესკნელის უფსკრულებში.“

ბიბლია ასევე წერს იმ ანგელოზების შესახებ, რომლებიც ლუციფერს გაჰყვნენ. 2 პეტრე 2:4-ში წერია, „რადგან თუ ღმერთმა არ დაინდო შემცოდე ანგელოზები, არამედ ბნელეთის ბორკილებით შეკრა და ჯოჯოხეთში ჩაყარა ისინი განკითხვის დღემდე დასასჯელად.“ იუდა 1:6-ც ამბობს შემდეგს „ხოლო

ანგელოზები, რომლებმაც არ დაიცვეს თავიანთი დასაბამიერობა, არამედ დაუტევეს თავიანთი სავანე, საუკუნო ბორკილებით შეკრულნი, ქვესკნელის წყვდიადში გამოამწყვდია რათა განვკითხვა დიად დღეს."

დაბადება 1:2-შიც წერია იმის შესახებ თუ რა მოხდა სულიერ სამეფოში სამყაროს შექმნამდე. „მიწა იყო უსახო და უდაბური, ბნელი იდო უფსკრულზე და სული ღვთისა იძვროდა წყლებს ზემოთ."

ამ სტროფს აქვს სულიერი და ფიზიკური მნიშვნელობები. ეს ნიშნავს იმას, თუ რა მოხდა სულიერ სამყაროში ისევე, როგორც ფიზიკურ სამყაროში.

სულიერად, გამოთქმა „მიწა იყო უსახო" ნიშნავს იმას, რომ სულიერი წესრიგი მომენტალურად იქნა დარღვეული ლუციფერის აჯანყების გამო. „მიწა" სიმბოლურად გამოხატავს „ლუციფერის მიერ გაკონტროლებულ სიბნელის სამყაროს". რადგან ლუციფერმა ღმერთის მიერ დაყენებული წესრიგი დაარღვია, ნათქვამია, რომ „მიწა იყო უსახო". შემდეგი, აქ წერია, რომ მიწა იყო „უდაბური". ეს გამოხატავს ღმერთის გულს მას შემდეგ, რაც ლუციფერმა უდალატა, რომელიც მას ძალიან უყვარდა.

მაგრამ აჯანყება მალევე ჩაიხშო და ბოროტი სულები გაქცევებულ იქნენ ჯოჯოხეთში. ეს გამოხატულია „ბნელი იდო უფსკრულზე" ფრაზაში. ღმერთმა დააბრუნა წესრიგი და სიმშვიდე სიბნელის ღედამიწის ბოლოში განდევნით და ეს განმარტულია შემდეგ ფრაზაში: სული ღვთისა იძვროდა წყლებს ზემოთ.

ღმერთმა დედამიწა პირველ ზეცაში შექმნა

როდესაც დედამიწა შეიქმნა, მღგომარეობა არ იყო დღევანდელივით. მაშინ იყო სეისმური აქტიურობა, ვულკანური ამოფრქვევები და დედამიწის თეთმის

და ქერქის გადაადგილებები. ატმოსფეროში მრავალი სახის აქტივობები ხდებოდა.

ამგვარად, დედამიწის ეს ცვალებადი მდგომარეობა აღწერილია ფრაზაში „...მიწა იყო უსახო და უდაბური“ შემდეგი სტროფი ამბობს „ბნელი იდო უფსკრულზე“. ეს იმას ნიშნავს, რომ როდესაც დედამიწა პირველად შეიქმნა, მაშინ არ იყო მზე, მთვარე ან სხვა ვარსკვლავები ჩვენს გალაქტიკაში და ამგვარად დედამიწა მოცული იყო წყვდიადში. როდესაც ღმერთი დედამიწას საჭირო რადაცეებით ავსება, მან უამრავი ძალისხმევა დახარჯა.

ეს პროცესი აღწერილია გამონათქვამში „სული ღვთისა იძვროდა წყლებს ზემოთ“. ამ დროს, თვითონ ღმერთი ჩამოვიდა დედამიწაზე. მან შეამოწმა თუ რა სჭირდებოდა დედამიწას და თუ როგორ გააკეთებდა ამ ყველაფერს. ბიბლია ამბობს, რომ ღმერთის სული იძვროდა „წყლებს ზემოთ“. ეს გვეუბნება, რომ იმ დროს დედამიწა მთლიანად წყლით იყო დაფარული. ზუსტად როგორც ჩანასახი საშვილოსნომ ამნიონურ სითხეში იზრდება, დედამიწა დაფარული იყო წყლით დიდი ხნის განმავლობაში, მანამ სანამ ექვს დღიანი შექმნა მოხდა დედამიწაზე.

საიდან მოვიდა ის წყლები, რომლებიც დედამიწას ფარავდნენ? ეს წყალი იყო სიცოცხლის წყალი, რომელიც ჩამოედინებოდა ღმერთის ტახტიდან. ღმერთმა სიცოცხლის წყალი მაშინ შექმნა, როდესაც სულიერი სამყარო შექმნა და თავისი წყალი დედამიწაზე ჩამოიტანა. მიზეზი იმისა, თუ რატომ დაფარა მან დედამიწა სიცოცხლის წყლით იყო ის, რომ მას სურდა კარგი გარემოს შექმნა ცოცხალი არსებებისათვის.

ჩვენ მზის სისტემაში ვერ ვიპოვნით სხვა პლანეტას, რომელიც დედამიწასავით წყლით იქნება სავსე. სინამდვილეში, ჩვენ ვერ ვიპოვნეთ სხვა პლანეტა, რომელსაც საკმარისი წყალი აქვს სიცოცხლისათვის.

ეს იმიტომ, რომ ღმერთმა მხოლოდ დედამიწაზე ჩამოიტანა სიცოცხლის წყალი და შექმნა ძირითადი გარემო, სადაც ცოცხალი არსებები შეძლებდნენ ცხოვრებას.

როდესაც ღმერთმა დედამიწა სიცოცხლის წყლით დაფარა, მას სურდა ყველა ადამიანს საუკუნო სიცოცხლე მიეღო. მას სურდა ყველა ადამიანი, რომელიც დედამიწაზე იცხოვრებდა, გამხდარიყო მისი ჭეშმარიტი შვილი, რომელსაც სიცოცხლის წყლივით სუფთა და წმინდა გული ექნებოდა.

ღმერთის განგება სინათლისა და სიბნელის დაყოფაში

და ბოლოს, ღმერთმა დაიწყო თავისი პირველი შექმნის დღე. დაბადება 1:3-4-ში ვკითხულობთ, „თქვა ღმერთმა: იყოს ნათელი! და იქმნა ნათელი. და ნახა ღმერთმა, რომ ნათელი კარგი იყო, და გაჰყარა ღმერთმა ნათელი და ბნელი.“ ღმერთმა თქვა „იყოს ნათელი“. ნათელი აქ ნიშნავს სულიერ სინათლეს და ეს არის სინათლე, რომელიც ღმერთის ტახტიდან გადმოედინება. მას აქვს ღმერთის ძალა და ღვთაებრიობა. ღმერთმა დედამიწა ამ სინათლით მოიცვა და შექმნა დედამიწის საძირკველი, რათა არ ყოფილიყო უსახო და უდაბური.

შემდეგ დაბადება 1:4-5 ამბობს, „და ნახა ღმერთმა, რომ ნათელი კარგი იყო, და გაჰყარა ღმერთმა ნათელი და ბნელი. ნათელს ღმერთმა უწოდა დღე და ბნელს უწოდა ღამე.“ იყო საღამო, იყო დილა - პირველი დღე.“ სინათლის შექმნის ბრძანებით, დედამიწაზე ძირითადი წესრიგი და ბუნების წესები შეიქმნა და ამგვარად, მაშინაც კი, როდესაც არც მზე იყო და არც მთვარე, ისე იყო დაყოფილი, რომ თითქოს მზე და მთვარე არსებობდა. სხვა სიტყვებით რომ ვიქვათ, დედამიწაზე დღე და ღამე არ შექმნილა მზისა და მთვარის მიერ. დღისა და ღამის თანმიმდევრობა

და წესი უკვე შექმნილი იყო ღმერთის მიერ და მოგვიანებით შეიქმნა მზე და მთვარე დღისა და ღამის სამართავად.

მაგრამ დღისა და ღამის დაყოფას უფრო მნიშვნელოვანი სულიერი მნიშვნელობა აქვს, ვიდრე ფიზიკური დაყოფა. ეს იმას ნიშნავს, რომ შექმნის პირველ დღეს ღმერთმა ლუციფერი და ზოგი ანგელოზი გააანთავისუფლა უფსკრულიდან და ბოროტი სულების სამყარო ჩამოყალიბდა. ღმერთმა იცოდა, რომ საჭირო იყო სულიერი სინათლე და სიბნელე ადამიანთა გაშენებისათვის. მან ყველაფერი წლებამდე დაგეგმა და როდესაც დრო მოვიდა, ძალაუფლება მისცა ლუციფერს, რათა სიბნელე ემართა.

მაგრამ ეს იმას არ ნიშნავს, რომ მან თავისივე ნაირი ძალაუფლება მისცა ლუციფერს. მან მას უფლება მისცა სულიერ არსებებზე და ბოროტი სულების სამყაროს წესსა და სისტემაზე ადამიანთა განვითარების მიზნით, რათა ადამიანთა განვითარება სამართლიანად განხორციელებულიყო. ფაქტობრივად, სიბნელის ბრძანებელი ლუციფერი წინათ ეკუთვნოდა ნათელს, მაგრამ იგი გამოვიდა ნათელიდან და გარიყნა.

ღმერთმა მეორე ზეცაში ადგილი მიანიჭა სიბნელის სივრცეს

დაბადება 1:6-8-ში წერია, „თქვა ღმერთმა: იყოს წყალთა შორის მყარი და გაჰყაროს წყლები. გააჩინა ღმერთმა მყარი და გაჰყარა ერთმანეთისგან წყალი, რომელიც არის მყარს ქვემოთ, და წყალი, რომელიც არის მყარს ზემოთ. და იქმნა ასე. მყარს ღმერთმა უწოდა ცა. იყო საღამო, იყო დილა - მეორე დღე.“

სიცოცხლის წყლით, რომელიც ღმრეთის ტახტიდან მოედინებოდა, ღმერთმა მოახდინა დედამიწის სტაბილიზაცია, რომელიც უნდა ყოფილიყო

ადამიანთა გაშენების ადგილი. შემდეგ მან შექმნა სივრცე. დედამიწაზე მდებარე სივრცე გულისხმობს ატმოსფეროს. შემდეგ ღმერთმა დაყო წყალი, რომელიც ფარავდა დედამიწას, ორნაირად, წყალი, რომელიც სივრცის ქვეშ იყო და წყალი, რომელიც სივრცეზე იყო.

სივრცის ქვეშ წყალი არის წყალი, რომელიც დარჩა დედამიწაზე. შექმნის მესამე დღეს, წყლები შეიკრიბა ერთ ადგილას ოკეანის ჩამოსაყალიბებლად და გახდა წყარო სხვა წყლის სხეულების ჩამოსაყალიბებლად, მაგალითად მდინარეებნისა და ტბების. სივრცის ზემოთ წყალი გამოყენებულ იქნა ატმოსფერული მოვლენისათვის, მაგალითად როგორიც არის ღრუბლის წარმოქმნა და წვიმა, მაგრამ ამ წყლის მთავარი სარგებელი იყო ედემის ბაღისთვის.

როდესაც ბიბლია ამბობს „სივრცე“, ეს არ ეხება მხოლოდ ცას, რომელსაც ჩვენ ვხედავთ. დაბადება 1-ში წერია, რომ ყველაფერი, რაც ღმერთმა შექმნა ექვსი დღის განმავლობაში, იყო „კარგი“, გარდა მეორე დღისა. მეორე დღეს ღმერთმა არ აღიარა ის როგორც „კარგი“. მიზეზი არის ის, რომ მეორე დღეს ღმერთმა ნება მისცა სიბნელის სივრცე ჩამოყალიბებულიყო მეორე ზეცაში ბოროტი სულებისათვის, რადგან მათ მიეცათ „ჰაერის ძალა“ და მოგვიანებით ინსტრუმენტებად იქნა გამოყენებული ადამიანთა გაშენების პროცესში.

ეფესელთა 2:2 ამბობს, „რომლებითაც უწინ ამ წუთისოფლის წესისამებრ იარებოდით, ჰაერის ძალთა მთავრის - იმ სულის ნებით, ვის ძალამოსილებასაც ამჟამად ჰმონებენ ურჩობის ძენი.“ ეს გვეუბნება, რომ სიბნელის სივრცე, სადაც ბოროტი სულები ბინადრობენ, არის „ჰაერი“. ეს არის სივრცე, რომელიც ედემის ბაღიდან აღმოსავლეთით არის და ახლოს. ეს არის ადგილი, სადაც ბოროტი სულები იცხოვრებენ სანამ ადამიანთა გაშენება დასრულდება.

რა თქმა უნდა, ედემის ბაღიც მეორე ზეცაშია

როგორც შვიდ-წლიანი საჭორწინო ზეიმი, რომელიც ჩატადება მხოლოდ მაშინ, როდესაც ადამიანთა გაშენება დასრულდება. მაგრამ, რადგან სიბნელის სივრცე შეიქმნა, სადაც ბოროტ სულეს ძალა ექნებოდათ, ღმერთმა არ თქვა რომ მეორე დღეს ეს „კარგი" იყო.

ბოროტი სულების სამყარო

სანამ სიბნელის მმართველი გახდებოდა, ლუცისფერს ნანახი და ნასწავლი ჰქონდა უამრავი რამ, რადგან იგი მამა ღმერთთან ახლოს იყო. მან ნახა, თუ როგორ მართავდა ღმერთი სულიერ სამყაროს ანგელოზებითა და ქერუბიმებით და როდესაც ბოროტი სულების სამყარო შექმნა, მან მიბაძა ღმერთის მმართველობას. მან ჩამოაყალიბა ორი ბრძანებათა რიგი, რათა გადაეცა ბრძანებები და ემართა სიბნელის სამყარო. ერთი არის დრაკონების და მისი ანგელოოზების ბრძანების რიგი და მეორე კი სატანის და ეშმაკის.

პირველი, ლუცისფერმა დრაკონებს პრაქტიკული უფლებამოსილება მისცა არმიის გენერალებს რომ აქვთ იმის მსგავსი და ორგანიზება გაუკეთა ანგელოოზებს მათი კონტროლის ქვეშ. ოთხი დრაკონი, რომლებსაც აქვთ „ჰაერის ძალა" აკონტროლებს სიბნელის ადამიანებს, რათა თაყვანი სცენ მათ. დრაკონები აღწევენ კერპთაყვანისმცემლობის ადგილებში და შედეგად ადამიანები მათ თაყვანს სცემენ.
ლუცისფერი ყველაფერს „სცენის მიღმა" აკონტროლებს, როდესაც სატანის მეშვეობით მუშაობს. სატანა აკონტროლებს ადამიანთა არაჭეშმარიტ აზრებს. სატანას არ აქვს მყარი სხეულის ფორმა და ჩნდება როგორც მუქი კვამლი. ამ მიზეზის გამო იმ ადამიანებს, რომლებიც სატანის სამუშაოებს იღებენ,

სახის გარშემო მუქი ღრუბელივით რაღაც აქვთ. ზოგი ადამიანისათვის, მუქი კვამლი ფარავს მთლიან სხეულს თავიდან ფეხებამდე.

და ეს არის ეშმაკის სამუშაო, რომელიც აქეზებს ადამიანებს არაჭეშმარიტების აზრები განახორციელონ მოქმედებაში. ზოგი დაცემული ანგელოზი განთავისუფლდა და იქცევიან, როგორც ეშმაკები. ეშმაკი აკეთებს საპირისპიროს ანგელოზებისაგან, და აცვია მთლიანად შავი ტანისამოსი.

როდესაც ადამიანი ეშმაკის მიერ არის წაქეზებული და ბოროტებას ჩადის იმდენად, რომ თავის გულსაც კი აძლევს, მაშინ ეშმაკი მას საბოლოოდ დაიმორჩილებს. დემონები არიან ბოროტი სულები, მაგრამ ისინი არ არიან სულიერი არსებები, რომლებიც ანგელოზებივით ღმერთის მიერ არიან შექმნილნი. ისინი ოდესღაც იყვნენ ადამიანები, რომლებიც ცხოვრობდნენ დედამიწაზე. ზოგი ადამიანი, რომელიც ხსნის მიღების გარეშე მოკვდა, დედამიწაზე განსაკუთრებულ შემთხვევებში დაბრუნდა და მოქმედებდნენ როგორც ბოროტი სულების ინსტრუმენტები.

ბოროტი სულების სამყარო შეიქმნა ლუციფერით, როგორც მათი ლიდერი და ხელს უშლიან ღმერთის სამუშაოების განხორციელებას. მიზეზი იმისა, თუ რატომ მისცა ღმერთმა ლუციფერს და ბოროტ სულებს სიბნელის ძალა არის ის, რომ მას სურდა შეეძინა ჭეშმარიტი შვილები ადამიანთა გაშენებით. ჭეშმარიტი შვილები არიან ისინი, რომლებიც ცხოვრობენ ნათელში და ჭეშმარიტებაში და ემსგავსებიან ღმერთს. მათ სწამთ ღმერთის, მხსნელი იესო ქრისტესი და უყვართ და ემორჩილებიან ღმერთს.

ლუციფერის და ბოროტი სულების სამუშაოების მეშვეობით, რომლებიც ღმერთის წინააღმდეგ არიან და აქეზებენ ღმერთის შვილებს ცოდვები ჩაიდინონ, ჩვენ ვაცნობიერებთ, თუ როგორი ბინძურია სიბნელე და როგორი ძვირფასია ნათელი. შემდეგ ჩვენ უფრო

მეტად და მეტად გვსურს გავხდეთ სინათლის შვილები. მაშასადამე, ლუციფერი და ბოროტი სულები ეხმარებიან ღმერთა ადამიანთა გაშენებას.

ღმერთმა ადამიანებს მისცა არჩევანი თავისუფალი ნებით, რათა თვითონ აერჩიათ ნათელსა და სიბნელეს შორის. ღმერთი ცხოვრობს ნათელში და ბუნებრივია იმ ადამიანებისათვის, რომლებსაც უყვართ ღმერთი, რომ უნდოდეთ ნათელში, ღმერთთან ახლოს ყოფნა. ამ პროცესის მეშვეობით იღებს ღმერთი ჭეშმარიტ შვილებს. ეს პროცესი არის ადამიანთა გაშენება. ღმერთი არის ჭეშმარიტი ნათელი და ისინი, რომლებიც შემობრუნდებიან სიბნელიდან და შევლენ ნათელში, დაექსგავსებიან ღმერთს. ესენი არიან ის ადამიანები, რომლებსაც შეგვიძლია ვუწოდოთ ღმერთის ჭეშმარიტი შვილები. ისინი სინათლის სივრცეში სამუდამოდ ღმერთთან ერთად იცხოვრებენ, ისიამოვნებენ ბედნიერებითა და დიდებით, რომელიც ღმერთის მიერ გადაეცემათ.

სინათლის და სიბნელის სფეროები თანაარსებობენ მეორე ზეცაში

სინათლის სივრცეს მართავს ღმერთი. სინათლის სივრცეში შედის ედემი მეორე ზეცაში, მესამე ზეცა, რომელშიც მოთავსებულია ზეციური სამეფო და მეოთხე ზეცა, რომელიც ღმერთის თავდაპირველი ადგილია.

მეორე ზეცაში სინათლის და სიბნელის სფეროები თანაარსებობენ. როგოც ზემოთ აღვწერე, ღმერთმა სინათლე და სიბნელე დაყო შექმნის პირველ დღეს. ლუციფერი და ბოროტი სულები პირველ დღეს განთავისუფლდნენ და ცხოვრება მეორე ზეცაში სიბნელის სფეროში დაიწყეს შექმნის მეორე დღიდან. ღმერთმა მათ უფლება მისცა ამ სფეროში დარჩენილიყვნენ ადამიანთა გაშენებისას.

მეორე ზეცაში, სინათლის სფეროში რა სახის სივრცეებია?

ერთი-ერთი მათგანი არის ადგილი შვიდ-წლიანი საქორწინო ზეიმისათვის, რომელიც უფალმა მოამზადა. გადარჩენილი სულები, რომლებიც ადამიანთა გამშენების ნაყოფები არიან, ამ ზეიმს დაესწრებიან მომავალში. 1 თესალონიკელთა 4:17 ამბობს, „შემდეგ კი ჩვენც, ცოცხლად შთენილთაც, ავიტაცებენ ღრუბლებს ზემოთ, რათა ჰაერში შევეგებეთ უფალს და, ამრიგად, სამუდამოდ უფალთან ერთად ვიქნებით.“ „ჰაერი“ ამ სტროფში არის სივრცე სინათლის სფეროში, მეორე ზეცაში.

სხვა სფერო სინათლის სფეროში არის ედემის ბაღი. უამრავი ადამიანი ფიქრობს, რომ ედემის ბაღი იყო დედამიწაზე. ამიტომ, ზოგი მათგანი ისრაელის და შუა აღმოსავლეთის სხვა ნაწილებს ექებდა. მაგრამ ვერავინ ვერაფერი იპოვნა ედემის ბაღის შესახებ. ეს იმიტომ, რომ ედემის ბაღი არა დედამიწაზე, არამედ მეორე ზეცაში იყო, რომელიც სულიერი სამყაროა.

ღმერთმა შექმნა პირველი ადმიანი, ადამი, დედამიწაზე და მოგვიანებით ედემის ბაღში მოათავსა. ეს იმიტომ, რომ ადამი შეიქმა მიწის მტვრისაგან, მაგრამ არ ყოფილა ფიზიკური არსება. დაბადება 2:7-ში წერია, „გამოსახა უფალმა ღმერთმა ადამი (კაცი) მიწის მტვერისაგან და შთაბერა მის ნესტოებს სიცოცხლის სუნთქვა და იქცა ადამი ცოცხალ არსებად. „ ადამი გახდა ცოცხალი არსება, ცოცხალი სული ღმერთის სიცოცხლის სუნთქვით. ფიზიკური სივრცე არ იყო შესაფერისი ადამისთვის, რომელიც სულიერი არსება იყო და ედემის ბაღი კი საუკეთესო იყო მისთვის, რადგან ეს იყო სულიერი სივრცე, რომელიც მდებარეობდა მეორე ზეცაში.

ედემის ბაღი არის სულიერი სამყარო, მაგრამ განსხვავდება მესამე ზეცაში მდებარე ზეციური სამეფოსაგან. ეს არის სულიერი სამყარო, მაგრამ

თუ კი იქ მყოფი ადამიანები დედამიწაზე ჩამოვლენ, ჩვენ შეგვეძლება მათი დანახვა და მათზე შეხება. ედემის ბაღის გარემო წააგავს დედამიწისას, მაგრამ მცენარეები და ცხოველები არასოდეს კვდებიან ან იხრწნებიან სულიერ სამყაროში. ეს არის სრულიად წმინდა და სუფთა და ბუნებრივი გარემო. ამ სივრცის სიდიდე ჩვენს წარმოსახვასაც კი აღემატება. რადგან ადამი ცოცხალი სული იყო, დედამიწის გარდა ღმერთმა მისთვის შექმა ეს ედემის ბაღი მეორე ზეცაში.

მესამე და მეოთხე ზეცები

მესამე ზეცა არის ადგილი, სადაც მდებარეობს ზეციური სამეფო. იქ მოთავსებულია ღმერთის ტახტი და არის ადგილი, სადაც ღმერთის შვილები, რომლებიც იესო ქრისტეს მეშვეობით გადარჩებიან, იცხოვრებენ სამუდამოდ. პავლე მოციქული წავიდა მესამე ზეცისკენ და დაინახა სამოთხე. გარდა ამისა, აპოკალიფსი 21-ში იოანე მოციქულმა დეტალურად აღწერა ახალი იერუსალიმის ქალაქი. ჩვენ ვხედავთ, რომ ზეციური სამეფო არ არის ერთი დია სივრცესავით; მას აქვს უამრავი სხვადასხვა ადგილი.

პირველი, სამოთხე, რომელიც პავლე მოციქულმა დაინახა, არის საცხოვრებელი ადგილი იმ მორწმუნეთათვის, რომლებსაც აქვთ ისეთი რწმენა, რომ ძლივს მიიღებენ ხსნას (ლუკა 23:42-43). ისინი, რომლებსაც ამაზე დიდი რწმენა აქვთ წავლენ ზეცის პირველ სამეფოში და კიდევ უფრო დიდი რწმენის მქონე ადამიანები კი ზეცის მეორე სამეფოში.

ისინი, რომლებმაც განდევნეს ყველა სახის ბოროტება და გახდნენ პურითხეულნი, წავლენ ზეცის მესამე სამეფოში, და ის ადამიანები, რომლებმაც არა მხოლოდ ცოდვები განდევნეს, არამედ მიიღეს რწმენა, რომლითაც ღმერთს ასიამოვნებენ, წავლენ ახალი იერუსალიმის ქალაქში, სადაც ღმერთის ტახტი

მდებარეობს. მესამე ზეცაში სხვადასხვა ადგილეებს შორის ახალი იერუსალიმი ყველაზე მეტად კაშკაშებს. სიკაშკასე მცირდება როდესაც ახალ იერუსალიმს გასცდები. სამოთხე ყველაზე ნაკლებად კაშკაშაა. მაგრამ მაინც, პირველი ზეცის შედარება, რომელშიც ჩვენ ვცხოვრობთ, შეუდლებელია. ეს მაინც ყველაზე კაშკაშა და ლამაზია ვიდრე ედემის ბაღი მეორე ზეცაში.

მეოთხე ზეცა არის ადგილი, სადაც დასაწყისში ღმერთი მარტო არსებობდა. ეს არის ადგილი განსაკუთრებით სამება ღმერთისათვის. ადგილი, სადაც თავდაპირველი ღმერთი გაერთიანდა ნათელთან არის მეოთხე ზეცაში. ეს არის იგივე განზომილება რაც თავდაპირველი სამყარო. პირველ, მეორე და მესამე ზეცებში არის შესაბამისად დროის სხვადასხვა დინებები. მაგრამ მეოთხე ზეცაში ჩვენ შევგვიძლია ვთქვათ, რომ დროის დინება ძლივს არსებობს და რომ არ არის დროის შეზღუდვა. ასევე, ღმერთის რაც სურს ყველაფრის გაკეთება შეუდლია და ეს იმას ნიშნავს, რომ იქ არ არის სივრცის შეზღუდვა.
არავის შეუდლია ამ ადგილას შესვლა ღმერთის გარდა. მხოლოდ რამდენიმე მთავარანგელოზს და განსაკუთრებულ ადამიანებს შეუდლიათ ამ ადგილას შესვლა ღმერთის ნებართვით. არავის შეუდლია ამ ადგილთან მიახლოვებაც კი ღმერთის ნებართვის გარეშე. თუ კი ვინმე ღმერთის ნებართვის გარეშე შევა, მისი სული მიმოითფანტება და გაქარწყლდება როგორც კვამლი.
ჯერჯერობით ჩვენ განვიხილეთ დიდი სულიერი სივრცე. ღმერთმა თავდაპირველი ერთი სივრცე დაყო პირველ, მეორე, მესამე და მეოთხე ზეცებად, როგორც ჩემმარიტი შვილების შექენის გეგმის ნაწილად. იქ ასევე არსებობს ზესკნელი, ქვესკნელი, ჯოჯოხეთი და უფსკრული.

ზე სკნელი და ქვე სკნელი

ღმერთი გულისხმობს იმ ადგილს, რომელიც ეკუთვნის ღმერთს როგორც „ზეცა" და ადგილი, რომელიც ეკუთვნის ეშმაკს და სატანას როგორც „დედამიწა". მაგრამ არსებობს გამონაკლისი და ეს არის ზესკნელი.

ისინი, რომლებიც გადარჩებიან, სამი დღის განმავლობაში ზესკნელში იქნებიან სანამ სამოთხეში მოსაცდელ ადგილას გადავლენ. ზესკნელი უფრო „დედამიწას" ეკუთვნის ვიდრე „ზეცას" სულიერ სამყაროში. მაგრამ ეს იმას არ ნიშნავს, რომ სიბნელეს ეკუთვნის. ასევე ზესკნელი არის სინათლის სფერო, რომელიც ეკუთვნის ღმერთს და ეშმაკს და სატანას იქ შესვლა არ შეუძლიათ. იგი ნათლად გამოირჩევა ქვესკნელისაგან, რომელიც სიბნელის ძალის კონტროლის ქვეშ არის. ზესკნელი არის ნათელის და ჩეშმარიტების ადგილი.

მაგრამ მიზეზი იმისა, თუ რატომ არის ნათქვამი, რომ „დედამიწას" ეკუთვნის, არის ის, რომ ეს ადგილი არ არის ედემის ბაღზე უკეთესი, რომელიც მეორე ზეცაში მდებარეობს. ამ მიზეზის გამო, როდესაც ბიბლია ახსენებს იმ ადამიანებს, რომლებიც იხსნენ და ზესკნელში მიდიან, იქ წერია, რომ ისინი მიდიან „დაბლა" და არა „მაღლა".

დაბადება 37:35-ში ვკითხულობთ შემდეგს, „ანუგეშებდნენ იაკობს მისი ვაჟები და ასულები, მაგრამ არ სურდა ნუგეში და ამბობდა: მგლოვიარე ჩავალ ჩემს შვილთან შავეთში! დასტიროდა მას მამამისი." „შავეთი" აქ გულისხმობს არა ქვესკნელს, მათთვის რომლებიც არ იხსნენ, არამედ ზესკნელს, მათთვის რომლებიც იხსნენ.

ასევე 1 მეფეთა 28:12-13-ში წერია, „დაინახა სამუელი ქალმა და ხმამაღლა იყვირა: ასე უთხრა ქალმა საულს: რისთვის მომატყუე? საული ხარ შენ!

უთხრა მას მეფემ: ნუ გეშინია. რას ხედავ? უთხრა
ქალმა საულს: სულს ვხედავ, მიწიდან ამომავალს.“ ეს
არის ადგილი, სადაც ქალი, რომელიც მედიუმი იყო,
გაკვირვებული დარჩა როდესაც მკვდარი სამუელი
დაინახა. სამუელი იყო ზესკნელში და ამიტომ წერია,
რომ ამოვიდა მიწიდან.

რა თქმა უნდა, ეს იმას არ ნიშნავს, რომ ამ მედიუმმა
ქალმა სამუელის სულს დაუძახა. ჯადოქრებს ან
მედიუმებს არ აქვთ ღმერთთან დაკავშირების ან
მკვდარი სულების გამოძახების ძალა. მათ შეუძლიათ
მხოლოდ სიბნელის სივრცესთან დაკავშირება და
დემონების გამოძახება.

თუმცა ეს იყო განსაკუთრებული შემთხვევა.
ღმერთმა განსაკუთრებულად ამოიყვანა სამუელი,
რომელიც ზესკნელში იყო, რათა შეეტყობინებინა
მისთვის ღმერთის ნება. საული უკვე მიტოვებული
იყო ღმერთისგან თავისი დაუმორჩილებლობის
გამო, მაგრამ მან მას განსაკუთრებული წყალობა
მისცა, რადგან იგი მაინც ისრაელის მეფე იყო და
ღმერთმა დაიმახსოვრა, რომ სამუელი ცრემლებით
ლოცულობდა, რომ საული მობრუნებულიყო ბოროტი
გზიდან.

მიზეზი იმისა, თუ რატომ იყო სამუელი ზესკნელში
არის ის, რომ ეს იყო მანამ, სანამ იესოს აცვამდნენ
ჯვარს. მხოლოდ მას შემდეგ რაც იესო ჯვარს აცვეს და
იგი აღსდგა წაიყვანა მან ზესკნელში მყოფი სულები
მოსაცდელ ადგილას სამოთხეში. იესოს აღდგომამდე
გადარჩენილი სულები იყვნენ ზესკნელში აბრაამთან,
რწმენის მამასთან ერთად, რომელიც ამ ადგილის
პასუხისმგებელი იყო. ამიტომ წერია ბიბლიაში, რომ
გადარჩენილი სულები მიდიან „აბრაამის წიაღში“.
ლუკა 16:22-ში წერია, „მოკვდა გლახაკი და აბრაამის
წიაღში აიტაცეს ანგელოზებმა. მოკვდა მდიდარიც და
დაამარხეს.“

ბიბლია ნათლად არ განასხვავებს ზესკნელსა და

ქვესკნელს და უბრალოდ წერია, რომ ადამიანები მიდიან შავეთში ან სხვაგვარად ცნობილ ჰადესში. მაგრამ მდიდარი კაცის და ლარიბი ლაზარეს იგავში, იესო საუბრობდა სხვადასხვა ადგილების შესახებ იმ ადამიანებისთვის, რომლებიც გადარჩებოდნენ და რომლებიც ვერ გადარჩებოდნენ. ლაზარე იხსნა და წავიდა აბრაამის წიაღში, ზესკნელში, და ეს ადგილი განსხვავდება ქვესკნელისაგან, სადაც მდიდარი კაცი წავიდა. არსებობს დიდი უფსკული ამ ორ ადგილს შორის და მათ არ შეუძლიათ მისი გადალახვა ერთმანეთის სანახავად. როდესაც სულიერ სამყაროს აღვწერთ ზეცის და დედამიწის თვალსაზრისით, ჩვენ ვამბობთ, რომ ზესკნელი ეკუთვნის დედამიწას, მაგრამ ეს რა თქმა უნდა სინათლის სფეროშია, რომელიც ღმერთს ეკუთვნის.

ჯოჯოხეთში არის ცეცხლის და დამწვარი გოგირდის ტბები

სიბნელის ადგილს ასევე აქვს ცეცხლის და გოგირდის ტბები გარდა ქვესკნელისა. როდესაც ის ადამიანები კვდებიან, რომლებიც არ არიან გადარჩენილები, ისინი იტანჯებიან ქვესკნელში და მიდიან ცეცხლის ან გოგირდის ტბაში დიდი განაჩენის შემდეგ. განაჩენი ჩატარდება ყოველგვარი შეცდომის გარეშე სიცოცხლის წიგნის მიხედვით, რომელშიც წერია იმ ადამიანების სახელები, რომლებიც გადარჩნენ.

აპოკალიფსი 20:12-115-ში წერია განაჩენის შესახებ:

და ვიხილე ტახტის წინ მდგომარე მკვდრები, დიდნი თუ მცირენი, და გადაშლილი წიგნები. გადაიშალა სხვა წიგნიც, რომელიც არის სიცოცხლის წიგნი, და, თანახმად იმისა, რაც წიგნებში წერია, მათი საქმისამებრ განკითხულ იქნენ მკვდრები. ზღვამ, სიკვდილმა და ჯოჯოხეთმა დააბრუნეს თავიანთი

მკვდრები, და, თანახმად მისი საქმისა, განჯითხულ იქნა თვითეული. სიკვდილი და ჯოჯოხეთი კი დაინთქნენ ცეცხლის ტბაში, და სწორედ ცეცხლის ეს ტბაა მეორე სიკვდილი. ცეცხლის ტბაშივე ჩავარდა, ვინც არ იყო ჩაწერილი სიცოცხლის წიგნში.

„მკვდრებში" იგულისხმება ყველა ის ადამიანი, რომელმაც არ მიიღო იესო ქრისტე როგორც საკუთარი მხსნელი ან რომლებსაც ჰქონდათ მკვდარი რწმენა. ისინი წარსდგებიან ღმერთის ტახტის წინაშე განსასჯელად და იქ არის წიგნები, რომლებიც გადაიშლება. სიცოცხლის წიგნის გარდა, რომელშიც იწერება გადარჩენილი ადამიანების სახელები, ასევე არის სხვა წიგნები, რომლებშიც იწერება გარდაცვლილი ადამიანის, რომელიც არ იხსნა, ყოველი საქციელი. და არა მხოლოდ საქციელები, არამედ მათი ფიქრებიც და ყველაფერი რაც გონებაში ჰქონდათ დაბადებიდან გარდაცვალებამდე. ისინი, რომლებიც არ გადარჩნენ განისჯებიან მათი ცოდვების სიდიდის შესაბამისად, რომლებიც ამ წიგნებშია ჩაწერილი და მიიღებენ სამუდამო სასჯელს.

„ზღვა" გულისხმობს ადამიანთა გამშენების ადგილს, რომელიც დედამიწაა. ამიტომ, გამოთქმა „ზღვამ, სიკვდილმა და ჯოჯოხეთმა დააბრუნეს თავიანთი მკვდრები", გვეუბნება, რომ ისინი დედამიწაზე იყვნენ გამშენებულნი. ასევე, ეს იმას ნიშნავს, რომ სამყარო დააბრუნებს თავიანთ მკვდრებს, ფიზიკურ სხეულებს განსხისათვის. როდესაც ადამიანები ხსნის მიღების გარეშე კვდებიან, მათი სულები მიდიან ქვესკნელში, როდესაც სხეულები კი უბრუნდებიან ერთ მუჭა მტვერს. მაგრამ საბოლოო განაჩენისას, სულები, რომლებიც ქვესკნელში იყვნენ მიიღებენ სხეულებს, რომლებიც შესაფერისი იქნება განაჩენის დღისათვის. ასევე იქ წერია „სიკვდილმა და ჯოჯოხეთმა დააბრუნეს თავიანთი მკვდრები". ეს ნიშნავს იმ

ადამიანებს, რომლებიც ქვესკნელში იყვნენ და წინასწარ აქვთ მისხილი საუკუნო სივყდილი ცოდვების გამო. სანამ დიდი თეთრი ტახტის განაჩენი მოხდება, ისინი მიიღებენ სხვადასხვა სასჯელებს ქვესკნელში.

დიდი განკითხვის შემდეგ, ისინი ჩაგზივდებიან ცეცხლის ან მოგიზგიზე გოგირდის ტბაში (აპოკალიივსი 21:8). ცეცხლის ან გოგირდის ტბის სასჯელი უფრო მტკივნეულია, ვიდრე ქვესკნელის სასჯელი. ისინი დაიტანჯებიან და ცეცხლში ჩავარდებიან „სადაც ულევია მათთვის მატლი და უშრეტი - ცეცხლი" (მარკოზი 9:47-49). მოგიზგიზე გოგირდის ტბა არის ადგილი იმ ადამიანებისათვის, რომლებმაც ჩაიდინეს ისეთი ცოდვები, როგორიც არის სული წმინდის გმობა და სული წმინდის სამუშაოების განხორციელების ხელის შეშლა. გოგირდის ტბა შვიდჯერ უფრო მწველია ვიდრე ცეცხლის ტბა.

უფსკრული

სიბნელის სფეროს ყველაზე ღრმა ადგილი არის უფსრკული, სადაც ბოროტი სულები შევლენ. მას შემდეგ რაც უფალი ჰაერში დააბრუნდება, ღმერთის გადარჩენილ შვილებს ჰაერში შვიდ-წლიანი საქორწინო ზეიმი ექნებათ. ამავე დროს დედამიწას ექნება ვარამის დრო. ბოროტი სულები, რომლებიც ჰაერში იყვნენ დედამიწაზე გამოქევდებიან და მიიღებენ ძალაუფლებას. დედამიწა გადაშენდება მესამე მსოფლიო ომით და დიდი ტრაგედიები, როგორიც ჯოჯოხეთია, მოვა დედამიწაზე. შვიდ-წლიანი ვარამის შემდეგ ბოროტი სულები დაჭუსადდებიან უფსრკულში და დედამიწაზე დაიწყება ათას წლიანი მეფობა.

ღმერთის შვილები, რომლებიც დაასრულებენ შვიდ-წლიან საქორწინო ზეიმს ცაში, ჩამოვლენ დედამიწაზე უფალთან ერთად და იმეფებენ ათასი წელი (აპოკალიივსი 20:4). დედამიწა, რომელიც

განადგურებული იქნება შვიდ-წლიანი ვარამით, ამ დროისათვის იქნება სრულიად განახლებული ლამაზი გარემოთი. ათას წლიანი მეფობის დასასრულისკენ, ბოროტი სულები კიდევ ერთხელ განთავისუფლდებიან ღმერთის განგებით, მაგრამ ისევ ჩავარდებიან უფრსკულში დიდი თეთრი ტახტის განაჩენის შემდეგ.

ბოროტი სულები ნაგავივით გადაიყრებიან უფრსკულში, რომელიც ძალიან ბნელი და ცივია. ისინი ისეთ მდგომარეობაში იქნებიან, რომე გამოძრავებასაც კი ვერ შესძლებენ, ისე, თითქოს დიდი ლოდი აწევთო. დაცემული ანგელოზები გაქვდებიან და წაერთმევათ ფრთები, როგორც წყევლის და სირცხვილის სიმბოლო.

გაქევება შეიძლება არ ჟდერდეს ისე ცუდად როგორიც ტკივილი და სასჯელი იქნება ჯოჯოხეთში. ზუსტად როგორც წნევა იზრდება ღრმა წყალში, ხორცის ძალაც გაიზრდება, როდესაც ჯოჯოხეთში ღრმად შეხვალ. უფრსკული არის ჯოჯოხეთის ყველაზე ღრმა ნაწილი და ყოველი ხორციელი ენერგია იქ მიდის. უფრო მტკივნეული და საზარელია უფრსკულში შესვლა ვიდრე ქვესკნელში ჯოჯოხეთის მომასწავებლების მიერ წამება.

წარმოიდგინეთ რალაც დიდ და მყარ ბეტონში ხარ შებოჭილი და საერთოდ არ შეგიძლია გამოძრავება. გონებაზე ხარ, მაგრამ არც სუნთქვა შეგიძლია და არც თვალის დახამხამება. შენ ხარ ცოცხალი ქვა. ქვად გადაქცეული, შენ განიცდი ტკივილებს, სასოწარკვეთილების ძალას და ზემოქმედებას, რომელიც ქვეშოთ ტეკარება.

სანამ ლუციფერი გარიყვნებოდა ღმერთს იგი ძალიან უყვარდა, მაგრამ იგი დამწყვდეული იქნება ამ სამუდამო წყევლაში ღმერთის წინააღმდეგ წასვლის შედეგად. როგორც კი ლუციფერი გარიყვნა, ღმერთს

იგი მაშინვე არ დაუსხია. იგი უბრალო არსება იყო
და ამიტომ ღმერთს მისი განადგურება პირდაპირ
შეეძლო, მაგრამ მან ეს არ გააკეთა და ამის მიზეზი
არსებობს.

მიზეზი კი იყო ის, რომ ლუცითვერის დახმარებით
ჩვენ შეგვიძლია გავხდეთ ღმერთის ჭეშმარიტი
შვილები. ჩვენ შეგვიძლია შევიცვალოთ როგორც
ნათელის შვილები, რომლებიც ემსგავსებიან
ღმერთს. ღმერთს სურს საუკუნო ბედნიერება თავის
ჭეშმარიტ შვილებთან ერთად გააზიაროს ახალ
იერუსალიმში, რომელიც სინათლის ადგილია. ახლა კი
განვიხილოთ თუ რა არის საჭირო სინათლის სივრცეში
შესასვლელად.

თავი 2

კვალიფიკაციები სინათლის სივრცეში შესასვლელად

სინათლეს და სიბნელეს არ შეუძლიათ თანაარსებობა.
სინათლის სივრცეში შესასვლელად
ჩვენ უნდა მოვაგვაროთ სიბნელის პრობლემა.
რამდენადაც უფრო დიდი კავშირი გვაქვს ღმერთთან, რომელიც სინათლეა
და გვაქვს იესო ქრისტეს გული,
იმდენად უფრო კაშკაშა სინათლის სივრცეში შევალთ.

ღმერთს სურს სინათლის შვილები

განახორციელეთ სიკეთე სულის გულით

რწმენით მოისხით სამართლიანობის ნაყოფი

მოქმედებებით მოისხით გულმართლობის ნაყოფი

სინათლის ნაყოფები წარგვიძღვება სინათლის სივრცისაკენ

ადამიანები ან სინათლის სივრცეში ან კიდევ სიბნელის სივრცეში უნდა წავიდნენ დედამიწაზე სიცოცხლის დასრულების შემდეგ. რადგან ადამიანთა სული არ კვდება, ისინი ზეცაში ან ჯოჯოხეთში უნდა წავიდნენ.

ებრაელთა 9:27-ში ვკითხულობთ, „და როგორც ადამიანებს ერთხელ უწერიათ სიკვდილი, მერე კი განკითხვა," ასევე იოანე 5:29-ში წერია „და ამოვლენ კეთილის მოქმედნი აღდგომისათვის, რომელსაც მოსდევს სიცოცხლე, ბოროტის მოქმედნი კი - აღდგომისათვის, რომელსაც მოსდევს განკითხვა." დედამიწაზე სიცოცხლე არ არის დასასრული. არსებობს სიცოცხლე, რომელიც საუკუნოა და როდესაც ჩვენი ფიზიკური სიცოცხლე დასრულდება, იქ მხოლოდ ორი არჩევანი იქნება. ისინი ზეცაში ან ჯოჯოხეთში მიდიან.

სიყვარულის ღმერთს სურს, რომ ყველამ მიიღოს ხსნა და ისიამოვნოს სამუდამო ბედნიერებით სინათლის სივრცეში. 1 პეტრე 2:9-ში წერია, „ხოლო თქვენა ხართ რჩეული მოდგმა, სამეფო სამღვდელოება, წილხვედრი ხალხი, რათა ყველას აუწყოთ მისი სიქველე, ვინც სიბნელიდან გამოგიხმოთ, რომ გეხილათ მისი საოცარი ნათელი."

მოდით შევამოწმოთ შეგვიძლია თუ არა მის

გასაოცარ სინათლის სივრცეში შესვლა როგორც
სამეფო სასულიერო წევრები.

ღმერთის სურს სინათლის შვილები

პავლე მოციქული ღმერთზე საუბრობს: „ერთადერთი
მპყრობელი უკვდავებისა, მიუწვდომელ ნათელში
მყოფი, რომელიც არ უხილავს არცერთ კაცთაგანს
და არც ძალუძს იმისი ხილვა, ვისიცაა პატივი და
საუკუნო ძალმოსილება. ამინ" (1 ტიმოთე 6:16). ეს იმას
ნიშნავს, რომ ღმერთი ცხოვრობს ნათელში და რომ
იგი არის საუკუნო და სრულყოფილი. 1 იოანე 1:5-ში
წერია "ეს არის აღთქმა, რომელიც ვისმინეთ მისგან,
და გაუწყებთ, რომ ღმერთი არის ნათელი და არ არის
მასში არავითარი ბნელი."

ასევე იაკობი 1:17-ც ამბობს შემდეგს, „...ვისთვისაც
უცხოა ცვალებადობა და ცვლილების ჩრდილი."
ღმერთი თვით ნათელია და მას ცვალებადი ჩრდილიც
კი არ აქვს. ამ მიზეზის გამო ბიბლიაში უამრავ
ადგილას წერია, რომ ჩვენ სინათლის ადამიანები
უნდა გავხდეთ, რომლებიც დავემსგავსებით ღმერთს.

1 თესალონიკელთა 5:5-ში წერია, „რადგან ყველანი
ნათლის ძენი ხართ და ძენი დღისა; არა ვართ ღამის,
და არც ბნელისა," და ეფესელთა 5:8-9 ამბობს,
„რადგან ოდესღაც ბნელი იყავით, ახლა კი ნათელი
ხართ უფალში. მაშ, იარეთ, როგორც ნათლის შვილები
შეჰშვენით. ვინაიდან ნათლის ნაყოფი ყოველგვარ
სიკეთეშია, სამართლიანობასა და ჭეშმარიტებაში."
მათე 5:14-16-შიც ვკითხულობთ შემდეგს, „თქვენა
ხართ ნათელი ქვეყნისა. ვერ დაიმალება ქალაქი,
მთის მწვერვალზე გაშენებული. როდესაც ანთებენ
სანთელს, საწყაოს ქვეშ კი არ დგამენ, არამედ
სასანთლეზე, და უნათებს ყველა შინ მყოფს. დაე,
ასევე ნათობდეს თქვენი ნათელი კაცთა წინაშე,

რათა ისინი ხედავდნენ თქვენს კეთილ საქმეებს და ადიდებდნენ მამას თქვენსას ზეციერს.“

სინათლეს და სიბნელეს არ შეუძლიათ თანაარსებობა. სინათლის სივრცეში შესასვლელად, ჩვენ უნდა მოვაგვაროთ სიბნელის პრობლემა.

რა არის სიბნელე, რომელიც უნდა განვდევნოთ, რათა სინათლის შვილები გავხდეთ? მარტივად რომ ვთქვათ, სიბნელე გულისხმობს ყველაფერს, რაც ცოდვას ეკუთვნის. ესენია ხორცის აზრები და მოქმედებები, რომელიც დეტალურად არის აღწერილი სამშვინველი, სული და სხეულის პირველ ნაწილში.

ხორცის ქმედებები არის მოქმედებაში ჩადენილი ცოდვები და ხორცის აზრები არის გონებაში და ფიქრებში ჩადენილი ცოდვები. მაგალითად, უზნეობა, სიხარბე, ბოროტება და შური არასამართლიანია როგორც რომაელთა 1-ში წერია. ასევე გალათელთა 5-ში, უკვდავება, სიბინძურე, გრძნობითობა, კერპთაყვანისმცემლობა, ჯადოქრობა, შუღლი, კამათი, ეჭვიანობა, რისხვა, ჩხუბი, მტრობა, უთანხმოება, შური, სიმთვრალე და ნადიმობა არის „ხორცის ქმედებები“.

ასევე არსებობს რადაცეები, რომლებსაც ჩვენ არ მივიჩნევთ როგორც სიბნელე, მაგრამ ღმერთის თვალში ეს ბოროტებაა. ზუსტად როგორც სინათლეემდე სიბნელეს არ შეუძლია არსებობა, ცოდვა და ბოროტება, რომელიც სიბნელეს ეკუთვნის გამომჟღავნდება, როდესაც ჭეშმარიტების ნათელი გადაეფინება მათ. ღმერთის სიტყვით ჩვენ ვაცნობიერებთ სიბნელეს, რომლის გაცნობიერებაც ჩვენით არ შეგვეძლო.

მაგალითად, იესომ განმარტა, რომ მალე იერუსალიმში მოკვდებოდა და პეტრემ სცადა მისი შეჩერება, რადგან მას იგი ძალიან უყვარდა. იესომ კი

უსაყვედურა მას „გამშორდი, სატანა!" (მათე 16:23)

პეტრემ იფიქრა, რომ მისი მოვალეობა იყო იესო შეეჩერებინა, მაგრამ ღმერთის თვალში ეს იყო სიბნელე. ღმერთის ნება იყო, რომ იესო ჯვარს ეცვათ და ხსნის გზას მიეღწია. ასეთი საყვედურით, პავლე გახდა თავდადებალი მოციქული, რომელმაც გააცოცხლა მკვდარი და ათასობით ადამიანს მოანანიებინა მას შემდეგ, რაც სული წმინდა მიიღო.

როგორც განმარტულია, იმისათვის, რომ ადამიანი სინათლის სივრცეში შევიდეს, იგი უნდა გამოვიდეს სიბნელის სამყაროდან და მოიქცეს როგორც სინათლის შვილი. მოდით უფრო კონკრეტულად ვნახოთ თუ რა უნდა გავაკეთოთ.

რწმენით ღმერთის სამართლიანობის მოკვეცა

იმისათვის, რომ სინათლის სივრცეში შევიდეთ, ჩვენ ჯერ ურწმუნოების ცოდვა უნდა მოვინანიოთ და შემდეგ იესო ქრისტე მივიღოთ. ვინც ცოდვებზე პატიებას მიიღებს იესო ქრისტეს რწმენით, მას შეეძლება სინათლის სივრცეში შესვლა. რომაელთა 3:22-ში წერია, „ხოლო სიმართლე ღვთისა იესო ქრისტეს რწმენით - ყველა მორწმუნისათვის, ვინაიდან არ არსებობს განსხვავება."

ასევე იოანე 14:6-ში ვკითხულობთ შემდეგს „მე ვარ გზა, ჭეშმარიტება და სიცოცხლე; ვერავინ მივა მამაჩემთან, თუ არა ჩემს მიერ." რომაელთა 10:9, „რადგან თუ შენი ბაგეებით უფლად აღიარებ იესოს და გულით გწამს, რომ ღმერთმა აღადგინა იგი მკვდრეთით, - ცხონდები."

თუ პირით ვაღიარებთ იესოს როგორც უფალს და გულით ვირწმუნებთ, რომ ღმერთმა იგი მკვდრეთით აღადგინა, ეს იმას ნიშნავს, რომ ჩვენ გვწამს ჯვრის განგების და აღდგომის ძალის. სახელდობრ, ჩვენ

გვწამს, რომ იესო ქრისტე ჯვარზე მოკვდა ჩვენთვის, რომლებსაც როგორც ცოდვილებს წინასწარ გვქონდა დანიშნული სამუდამო სასჯელის მიღება ცოდვების გამო და რომ მან თავისი ძვირფასი სისხლი ჩვენს გამოსასყიდად დაღვარა.

თუ ამას მართლა ვირწმუნებთ, ჩვენ ვაღიარებთ ყოველ ცოდვას და გადავწყვეტთ, რომ ვიცხოვროთ სინათლეში უფლის მადლიერებით, რომელიც ჩვენთვის ეწამა. ღმერთი რეცხავს ასეთი ადამიანების ცოდვებს უფლის სისხლით და აძლევს მათ სული წმინდის საჩუქარს. ღმერთი აღიარებს მათ მის ჭეშმარიტ შვილებად და მათ სახელებს სიცოცხლის წიგნში წერს (აპოკალიფსი 20:15, 21:27). ასე შევძლებთ საუკუნო სიცოცხლით სიამოვნებას ზეცაში, რომელიც სინათლის სივრცეა, როდესაც ვაღიარებთ, რომ არ ვცხოვრობდით ღმერთის სიტყვის თანახმად, შემოვბრუნდით ცოდვებისგან და შევაბიჯეთ ნათელში.

ღმერთთან, თვით სინათლესთან მეგობრობის ქონა

1 იოანე 1:6-7-ში ვკითხულობთ, „თუ ვამბობთ, მას ვეზიარებითო და ბნელში კი დავდივართ, ვცრუობთ და არ ვიქცევით ჭეშმარიტებას თანახმად. ხოლო თუ ნათელში დავდივართ, როგორც თვითონ ვეა ნათელში, მაშინ ერთმანეთს ვეზიარებით და მისი ძის - იესო ქრისტეს სისხლი ყოველგვარი ცოდვისგან გაგვწმენდს.“ როდესაც მივიღებთ იესო ქრისტეს და მასთან ერთად სული წმინდის საჩუქარს, ჩვენ უნდა ვისწავლოთ და განვახორციელოთ ღმერთის სიტყვა, რომელიც ჭეშმარიტებაა, რათა ისეთ შვილად ჩავითვალოთ, რომელსაც ღმერთთან მეგობრობა აქვს.

1 იოანე 2:3-ში წერია, „იმით გავიგებთ, რომ

შევიცნეთ იგი, თუ დავიმარხავთ მის მცნებებს,“ და 1 იოანე 3:-23-ში კი შემდეგი, „მისი მცნება კი ისაა, რომ გვწამდეს მისი ძის იესო ქრისტეს სახელით და, როგორც გვამცნო, გვიყვარდეს ერთმანეთი.“

ჩვენ არა მხოლოდ ქმედებაში ჩადენილი ცოდვები უნდა განვდევნოთ, არამედ ჩვენი ბულების ბოროტებაც, რათა დავექმორჩილოთ ღმერთის სიტყვას, რომელიც გვეუბნება თუ რა უნდა განვდევნოთ და რა არ უნდა გავაკეთოთ. ასევე, ჩვენ ბეჯითად უნდა განვახორციელოთ ღმერთის სიტყვა, რომელიც გვეუბნება, რომ ვიყოთ მხიარულები, მადლიერები, მოსიყვარულეები და თავმდაბლები. ამ გზით შევძლებთ ჩვენ უფლის ბულის გაშენებას ღმერთის წყალობითა და ძალით და სული წმინდის დახმარებით.

ჩვენი ზეციური საცხოვრებელი ადგილი განსხვავდება იმის და მიხედვით, თუ რამდენად გავხდით ნაყურთხნი და რამდენად ვასხივებთ სინათლეს. ამიტომ, მიუხედავად იმისა, რომ ხსნა მივიღეთ და მოვიპოვეთ ნათელში შესვლის უფლება, ჩვენ ბოლომდე უნდა ვიბრძოლოთ, რომ მივაღწიოთ ყველაზე მაღალ მიზანს, რომელიც ახალი იერუსალიმის ქალაქია.

არსებობს გარკვეული ზომები, რომლებითაც ჩვენ შევგვიძლია შევაფასმოწ, თუ რამდენად გავხდით სინათლის შვილები. ესენია: სულიერი სიყვარული, 1 კორინთელთა 13; სული წმინდის ცხრა ნაყოფი, გალათელთა 5; ნეტარება, მათე 5, და სინათლის ნაყოფი ეფესელთა 5-ში. ახლა მოდით ყურადღებით განვიხილოთ სინათლის ნაყოფი.

განახორციელეთ სიკეთე სულის ბულით

ეფესელთა 5:9-ში წერია, „ვინაიდან ნათლის

ნაყოფი ყოველგვარ სიკეთეშია, სამართლიანობასა და ჭეშმარიტებაში.“

სიკეთე არის ლამაზი გულის ქონა, რომელსაც არ აქვს ბოროტება და მხოლოდ სიკეთის მახასიათებლები აქვს. შენ კარგად ექცევი იმ ადამიანებს, რომლებსაც ეს სჭირდებათ; შენ უბრალოდ ზიანს არ აყენებს სხვებს; და ემორჩილები ღმერთის სიტყვას და ყველანაირად ცდილობ მოცემული დავალებები საუკეთესოდ შეასრულო, რადგან იცი შემოქმედი ღმერთის შესახებ.

დედამიწაზე ხალხი ამბობს, რომ კეთილი ხარ თუ კი ბოროტებას ბოროტებით არ უპასუხებ. მაგრამ თუ გონებაში მაინც გაქვს დისკომფორტი და სიძულვილი, იქნები შენ კეთილ ადამიანად აღიარებული? ადამიანთა და ღმერთის სიკეთე ერთმანეთისგან ძალიან განსხვავდება. სიკეთის პირველი დონე, რომელსაც ღმერთი აღიარებს არა სიბოროტის სიბოროტით პასუხია, არამედ არაკომფორტული გრძნობების არ ქონაა.

ეს იყო იოსების, მარიამ ღვთისმშობლის მეუღლის შემთხვევაში. მათე 1:19-ში წერია, „ხოლო იოსები, მისი ქმარი, მართალი იყო, არ უნდოდა მისი შერცხვენა და განიზრახა ფარულად გაეშვა იგი.“ როგორ უბედურად იგრძნობდა თავს იოსები, როდესაც გაიგო, რომ მისი საცოლე მარიამი მასთან დაწოლის გარეშე ორსულად იყო? ჩვეულებრივ, ადამიანი გულით გაიტანჯებოდა ან წაეკამათებოდა მარიამს. მაგრამ იოსებს გულში არ ჰქონია ბოროტება და მისი დატოვება მშვიდად უნდოდა.

სიკეთის მეორე დონე არის როდესაც ვინმე ბოროტებით გვექცევა და ჩვენ არა მხოლოდ არაკომფორტული გრძნობებისგან ვართ თავისუფალი,

არამედ მისი გულის მობრუნებაც შეგვიძლია კეთილი სიტყვებითა და ქმედებებით. ეშმაკს და სატანას არ შეუძლიათ არათვრის გაკეთება ისეთ ადამიანთან, რომელმაც სიკეთის ამ დონეს მიაღწია.

მიუხედავად იმისა რომ მისი ბრალია არ ყოფილა, დავითს მეტვე სული დიდი ხნის განმავლობაში დევნიდა, რომელსაც ერთ დღეს მისი მოკვლის საუკეთესო შესაძლებლობა ჰქონდა. დავითს ქვეყნისთვის მრავალი ბრძოლა ჰქონდა მოგებული, მაგრამ საული მადლობასაც კი არ უხდიდა მას და მისი შურდა. იგი დევნიდა დავითს თავისი ჯარით და ცდილობდა მის მოკვლას.

ერთ დღეს საული შევიდა გამოქვაბულში სადაც დავითი იმალებოდა. დავითს შეეძლო მისი მოკვლა, მაგრამ მან უბრალოდ საულის მანტიას კიდე მოახია. მოგვიანებით, როდესაც საულმა გამოქვაბული დატოვა, მან დაუძახა საულს და უთხრა, „შეხედე, მამაჩემო, ხელში მიჭირავს შენი მოსასხამის კიდე. არ მოგკალი როცა შენს მოსასხამს კიდე მოვაჭერი. გაიგე და იცოდე, რომ არ მაქვს განზრახული ბოროტება და ურჩობა, არც შენ წინაშე შემიცოდავს, შენ კი ჩემს სულს ჩასაფრებიხარ" (1 სამუელი 24:11).

დავითმა დაუძახა საულს, რომელიც მას მოსაკლავად დევნიდა. მან მას დაუძახა „მამაჩემო" და ჭეშმარიტად დაიმდაბლა თავი. მას სურდა საულის ნუგეშისცემა და არ ჰქონია განზრახული მისი მოკვლა. საული იყო ბოროტი, მაგრამ როდესაც სიკეთის ასეთი სიტყვები გაიგონა, მას გული აუჩუყდა და ცრემლები გადმოდუარა. 1 სამუელი 24:16-17-ში წერია, „ეს შენი ხმაა, შვილო, დავით? და ხმამაღლა ატირდა საული. კვლავ უთხრა დავითს: შენ ჩემზე მართალი ხარ, რადგან სიკეთეს მიკეთებდი, მე კი ბოროტებით გიხდიდი."

და გულაჩუყებული დაბრუნდა სახლში. თუ კი

44

ბოროტებას სიკეთით ჰუპასუხებთ, სატანა ვეღარ შეძლებს მოქმედებას და ბოროტი ადამიანებიც კი შემობრუნდებიან სიკეთისკენ. რა თქმა უნდა, საული ისეთი ბოროტი იყო, რომ მისი ბოროტება მოგვიანებით გამომჟღავნდა, მაგრამ იმ მომენტში მაინც სიბნელე განელდა დავითის სიკეთის სინათლით და საული მობრუნდა სიკეთისკენ.

მაგრამ მაინც არსებობს უფრო დიდი დონის სიკეთე, ვიდრე სხვების გულის მოგება. ეს არის ჩვენი მტრების სიყვარული და თავგანწირვა იმ ადამიანებისათვის, რომლებიც ბოროტად გვექცევიან. ეს არის ღმერთის სიკეთე, რომელმაც თავისი ერთადერთი ძე გამოგზავნა და ეს არის იესო ქრისტეს სიკეთე. იგი არის ღმერთის წმინდა შვილი და მაინც, მან თავისი სიცოცხლე გაიღო კაცობრიობისათვის.

ჩვენ სიკეთის ამ დონეს ვგრძნობთ მოსეთი და პავლეთი. როდესაც ღმერთი ისრაელის ყოველი ადამიანის განადგურებას აპირებდა, მოსემ ილოცა, რომ გადარჩენილიყვნენ ეს ადამიანები, თუნდაც ეს იმას ნიშნავდა, რომ მისი სახელი წაიშლებოდა სიცოცხლის წიგნიდან (გამოსვლა 32:32). პავლე მოციქულმა თქვა „ასე რომ, ვისურვებდი თვითონვე ვყოფილიყავი შეჩვენებული და ქრისტესაგან მოკვეთილი ჩემი ძმების, ჩემი სისხლისა და ხორცის გამო" (რომაელთა 9:3).

სტეფანე წამებული გახდა ჩაქოლვით, როდესაც სახარებას ქადაგებდა. მას არ ჰქონია არანაირი გულისწყრომა მიუხედავად იმისა, რომ უმიზეზოდ ქოლავდნენ. მაგრამ სამაგიეროდ მან ხმამაღლა შესთხოვა უფალს, „უფალო, ნუ მიუთვლი მათ ამას ცოდვად." (საქმე 7:60)

დღეს ხალხი ფიქრობს, რომ მხოლოდ მაშინ განიცდი დანაკარგს და სულელივით მოგექცევიან, თუ

კი პატიოსანი და სასიამოვნო ხარ სხვების მიმართ. მაგრამ ღმერთი თვით სიკეთეა და იგი გვიცავს თავისი მხურვალე თვალებით, სული წმინდის ცეცხლოვანი კვდლებით და ციური მოლაშქრეებითა და ანგელოზებით, როდესაც სიკეთით ვცხოვრობთ. ამგვარად, გამოცდები და უბედურებები გაქრება და თუ კი დაბრუნდებიან, ჩვენ მათ სიკეთით გადავლახავთ. ეს მოგვიტანს კიდევ უფრო დიდ კურთხევებს და წარმატებას ყველაფერში.

რა თქმა უნდა, ჩვენ ზოგჯერ სიკეთისთვის თავის გაწირვა გვიწევს. მაგრამ ისინი, რომლებიც კეთილები არიან, ასეთ რადაცეებს მძიმედ არ მიიჩნევენ. სულიერი ძალა არის ცოდვების არ ქონა და რაც უფრო მეტად განვდევნით ბოროტებასა და სიკეთეს გავამშენებთ, მით უფრო ძლიერი იქნება ჩვენი სულიერი სინათლე. როდესაც იმ სიკეთის დონეს მივაღწევთ, რომელსაც ღმერთი აღიარებს, ბოროტი სული ვერც კი შეგვეხება ჩვენი სინათლის გამო და შეგვეძლება გავანადგუროთ ეშმაკის და სატანის გეგმები.

რწმენით მოისხით სამართლიანობის ნაყოფი

სინათლის მეორე ნაყოფი არის სამართლიანობა. სამართლიანობა ჭეშმარიტებაში არის ცოდვების განდევნა, ბიბლიის მცნებების შენახვა და ღმერთის სამეფოს და მისი სამართლიანობის ძებნა მისივე ნების თანახმად. დანიელი არის ერთ-ერთი საუკეთესო მაგალითი, რომელსაც დიდი სამართლიანობა ჰქონდა.

დანიელი იყო იუდეველთა ტომის სამეფო ოჯახიდან. იგი ტყვედ ჩავარდა ჩვენს წელთაღრიცხვამდე 605 წელს, როდესაც იუდეველთა სამეფო დაიპყრო ბაბილონის მეფე ნაბუქოდონოსორმა. როდესაც ბაბილონი იპყრევდა სხვა ეროვნების ნიჭიერ ადამიანებს, დანიელი არჩეულ

იქნა თავის სამ მეობართან ერთად და დიდი ხნის განმავლობაში ბაბილონის მაღალი თანამდებობის პირი იყო. მიუხედავად იმისა, რომ ტყვედ იყო ჩავარდნილი, მას ბაბილონში მაღალი თანამდებობა ჰქონდა და ასევე იგი აღიარდა როგორც ღმერთის ჭეშმარიტი წინასწარმეტყველი. მიზეზი ამისა არის ის, რომ იგი მთლიანად ღმერთს ენდობოდა და ინარჩუნებდა თავის რწმენას.

როდესაც პირველად წარსდგა ბაბილონის მეფის წინაშე, იგი ძალიან ახალგაზრდა იყო. იგი სამი წლის განმავლობაში უნდა გაეწრვთინათ და ექვემდებარებოდა მეფის მიერ გაცემული საკვების მიღება. მაგრამ იგი შიშობდა, რომ ამ საკვებში შევიდოდა ღმერთის მიერ აკრძალული საკვები და მას არ სურდა ამის მიღება. მას სხვა გზა არ ჰქონდა და ტყვედ იყო ჩავარდნილი, მაგრამ მაინც სძულდა ის რაც ღმერთს სძულდა.

რათა ღმერთში რწმენა შეენარჩუნებინათ და არ გაბინძურებულიყვნენ, მან ზედამხედველს სთხოვა მისთვის და მისი სამი მეგობრისთვის მეფის არჩეული საკვების მაგივრად მხოლოდ ბოსტნეული მიეცა. როგორც გამოცდა, მან შესთავაზა მხოლოდ წყალი და ბოსტნეული მიეღოთ ათი დღის განმავლობაში. როდესაც ზედამხედველმა დანიელი სხვა ახალგაზრდა კაცებს შეადარა ათი დღის შემდეგ, მან დაინახა, რომ დანიელის და მისი სამი მეგობრის მუშაობა ბევრად უკვეთესი იყო.

ღმერთმა დაინახა მათი რწმენა და დიდად აკურთხა. დანიელი 1:17 ამბობს შემდეგს, „მიჰმადლა ღმერთმა ამ ოთხ ყმაწვილს ნიჭი და ყველა წიგნისა და სიბრძნის შემეცნების უნარი. დანიელს ვი ყველა ხილვისა და სიზმრის ამოცნობა შეეძლო." ასევე სტროფი 20, „გამოჰკითხა მათ მეფემ ბრძნული და ჭკვიანური საქმეები და დაინახა, რომ ისინი მისი

საძევფოს ყველა მოგვზე და შემლოცველზე ათწილად გონიერები იყვნენ.“

ბაბილონი განადგურდა მიდიასა და სპარსეთის მიერ ჩვენს წელთაღრიცხვამდე 539 წელს ნაბუქოდონოსორის ვაჟის, მეფე ბელშაცარის მეფობის დროს. ახალმა ერმა, სპარსეთმა, ჩაანაცვლა ბაბილონი. სპარსეთის მეფე დარიოსს სურდა დანიელის მინისტრად დანიშნა მთელი ქვეყნის სამართავად, რადგან დანიელს ჰქონდა არაჩვეულებრივი სული. დანიელი იყო ტყვე, მაგრამ მაშინაც კი, როდესაც ერები და მეფეები შეიცვალნენ, იგი მაინც დიდი უპირატესობით სარგებლობდა.

სხვა მინისტრებსა და ლიდერებს მისი შურდათ და სცადეს მისი დადანაშაულება (დანიელი 6:4-5). მაგრამ მათ ვერ იპოვნეს ვერავითარი ბრალი და მეფეს შესთავაზეს დადგენილება. ისე იქცეოდნენ, რომ თითქოს მეფეს უჭერდნენ მხარს და თქვეს, რომ ყველას, ვინც მეფის გარდა სხვა ღმერთთან ილოცებდა ოცდაათი დღის განმავლობაში, ლომის ბუნაგში ჩააგდებდნენ. ეს იყო განსაკუთრებულად დანიელისთვის მომზადებული მახე, რადგან მათ იცოდნენ, რომ ღია ფანჯარაში იგი იერუსალიმისკენ მიბრუნებული დღეში სამჯერ ლოცულობდა.

დანიელმა იცოდა ეს სიტუაცია და მაინც მუხლებ დაჩოქილი დღეში სამჯერ ლოცულობდა (დანიელი 6:10). მას შეეძლო კომპრომისხე წასულიყო, რათა თავისი სახელი შეენარჩუნებინა ან სიკვდილი აეცილებინა, მაგრამ იგი მთლიანად ღმერთს მიენდო. საბოლოოდ ლომების ბუნაგში ჩააგდეს, მაგრამ მეფის მიმართ არავითარი გულისწყრომა არ ჰქონია. სამაგიეროდ იგი ლოცავდა მეფეს „მეფეო, სამუდამოდ იცოცხლე!“ იგი ნებისმიერ სიტუაციაში იყო სამართლიანი.

მას ბრალი არ დაუდია არც ღმერთისთვის და

არც ადამიანებისთვის და ამ მიზეზის გამო ეშმაკს და სატანას მასზე ზიანის მიყენება არ შეეძლოთ. ღმერთმა ანგელოზები გაგზავნა მის დასაცავად. იგი ბუნაგიდან ცოცხალი გამოვიდა და ღმერთი ადიდა. სამართლიანობა, რომელიც ღმერთს სურს არის რწმენის შენარჩუნება და კომპრომისზე არ წასვლა მაშინაც კი, თუ სიკვდილი გვემუქრება.

მოქმედებებით მოისხით გულმართლობის ნაყოფი

სინათლის მესამე ნაყოფი არის გულმართლობა. გულმართლობა არის შეუცვლელობა. ასევე არის სიწმინდე, პატიოსნება და უბრალოება ყველანაირი სიცრუისა და ეშმაკობის გარეშე. მაშინაც კი, თუ ბეჯითად აკეთებ კეთილ საქმეებს და აღიარებ შენს რწმენას, ეს მაინც არ ჩაითვლება ღმერთის მიერ სინათლის ჭეშმარიტ ნაყოფად თუ კი ამას იმისთვის აკეთებ, რომ სხვების მოწონება დაიმსახურო. სხვა სიტყვებით რომ ვთქვათ, ღმერთს ჩვენგან სურს რწმენის, ჭეშმარიტი ქმედებების და შეუცვლელი გულმართლობის ჭეშმარიტი აღიარება.

დაბადება 22-ში ჩვენ ვხედავთ, თუ როგორ დაემორჩილა აბრაამი ღმერთის სიტყვას, როდესაც ღმერთმა მისი ერთადერთი ვაჟის, ისააკის შეწირვა უბრძანა. დილით ადრე იგი ისააკთან ერთად ღმერთის დანიშნულ ადგილისკენ გაემართა. მას ერთი წუთითაც კი არ უყოყმანია. არანაირი კონფლიქტი არ ჰქონია გონებაში თავისი ფიქრების გამოყენებით. იმ მომენტში, როდესაც ისააკის შეწირვას აპირებდა, ღმერთის ანგელოზი გამოეცხადა და უთხრა რომ ბიჭს არ შეხებოდა. ღმერთმა თქვა „...მივხვდი, ღვთისმოშიში ყოფილხარ“ (დაბადება 22:12).

ებრაელთა 11:9-ში წერია, „რადგანაც სწამდა, რომ ღმერთს მკვდრეთით აღდგენის ძალაც შესწევს.

ამიტომაც იყო, რომ შეწირული უკანვე მიიღო, როგორც ნიმუში.“ ღმერთის ძალით აბრაამს ისააკი ეყოლა სარას მეშვეობით, რომელიც დიდი ხნის გადაცილებული იყო ნაყოფის ჩასახვის წლოვანებას. ამიტომ, მას სწამდა რომ ღმერთი გააცოცხლებდა ისააკს შეწირვის შემდეგ. ამ შემთხვევაში ჩვენ ვხედავთ ღმერთისა და აბრაამს შორის მყარ ნდობას.

მრავალ სხვა შემთხვევაში ვხედავთ თუ როგორი ერთგული იყო აბრაამი. როდესაც ბეთილში მისი ძმისწული ლოტი გააცოცხლა, ნახირის და ცხოველების რაოდენობა ისეთი დიდი იყო, რომ ხშირად მათი მწყემსები კინკლაობდნენ ხოლმე. აბრაამმა თქვა დაბადება 13:9-ში „განა შენს წინ არ არის მთელი ეს ქვეყანა? გამეყარე და თუ შენ მარცხნივ წახვალ, მე მარჯვნივ წავალ, თუ მარჯვნივ წახვალ, მე მარცხნივ წავალ“ (დაბადება 13:9).

ლოტი წავიდა იორდანიის მიწაზე, სადაც საკმარისი წყალი იყო და მიალღია სოდომს. სოდომის ქალაქზე მოხდა თავდასხმა და უამრავი ადამიანი ტყვედ წაიყვანეს. ამ ამბის გაგების შემდეგ, აბრაამმა ლოტი და სოდომის ხალხი წამოიყვანა. სოდომის მეფემ განძეულობა შესთავაზა, მაგრამ მან უარი უთხრა შემოთავაზებაზე (დაბადება 14:15-23).

როდესაც სოდომი და გომორი განადგურდა ზეციური ცეცხლით, ლოტი და მისი ორი ქალიშვილი გადარჩნენ აბრაამის ლოცვების დახმარებით (დაბადება 18). ასევე, როდესაც აბრაამმა შეისყიდა თავისი მეუღლის სამფლავის ადგილმდებარეობა, ხეთებმაც შესთავაზეს თავიანთი მიწა და მახველას გამოქვაბული, მაგრამ მან ეს ადგილი სამართლიან ფასად შეისყიდა (დაბადება 23:16). მეორე ცოლისგან მას უამრავი შვილი ჰყავდა და სანამ ცოცხალი იყო, მან თითოეულ მათგანს საჩუქარი მისცა, რადგან მოგვიანებით კონფლიქტი არ ჰქონოდათ

ერთმანეთში. ამ ყველაფრით ჩვენ ვხედავთ აბრაამის გულმართლობას.

იაკობი 2:23-24-ში წერია „და აღსრულდა წერილი, რომელიც ამბობს: „ერწმუნა აბრაამი ღმერთს, რაც სიმართლედ შეერაცხა" და ღვთის მეგობრად იწოდა იგი. როგორც ხედავთ, კაცი საქმით მართლდება და არა მხოლოდ რწმენით." ღმერთი თვით სიმართლეა და მან აბრაამი თავისი რწმენის ქმედებებისთვის დაამოცა. აბრაამმა ღმერთის ტახტთან ახლოს მიიღო საცხოვრებელი ადგილი, რადგან მისი მეგობარი იყო.

სინათლის ნაყოფები წარგვიმღვევა სინათლის სიკრცისაკენ

კარგი ქმედებები რომ სინათლის ნაყოფად ჩაითვალოს, მასში უნდა შედიოდეს სამართლიანობა, რომელიც ღმერთის სამართლიანობაა. მაგრამ სიკეთის და სამართლიანობის ქონა არ არის საკმარისი. მათში გულმართლობა უნდა იყოს. ამიტომ, ჩვენ სინათლის ნაყოფს მხოლოდ მაშინ მოვისხამთ, როდესაც ყოველი სიკეთე, სამართლიანობა და გულმართლობა გვაქვს.

იმისათვის, რომ სინათლის ნაყოფი მთლიანად მოვისხათ, ჩვენ უნდა შევასრულოთ სიბნელიდან ნათელში გამოსვლის პროცესი. ზუსტად ისე, როგორც ეფესელთა 5:11-13-შია ნათქვამი, „ნუ ეზიარებით ბნელის უნაყოფო საქმეს, არამედ უმეტესად ამხილეთ, ვინაიდან რასაც ფარულად სჩადიან ისინი, სათქმელადაც სამარცხვინოა. ხოლო ყოველივე მხილებული ნათლით ცხადდება, რადგანაც ნათელია ყოველივე გაცხადებული."

აქ, მხილებული არ ნიშნავს მხოლოდ დანაშაულის საყვედურობას. ეს არის საყვედური, რომ ადამიანი სიბნელიდან ნათელში გამოიყვანო. ზოგჯერ,

როდესაც ეკლესიის წვრები მძიმე სიტუაციაში არიან ცოდვების გამო, ნუგეშისცემის მაგივრად, მე ვცდილობ გავაგებინო მათ, თუ რატომ უწევთ გამოცდების გადატანა. მე ვსაყვედურობ მათ, რომ ჭეშმარიტებაში არ ცხოვრობენ. მაგრამ მიუხედავად იმისა, რომ არავინ გვსაყვედურობს ჩვენ, მნიშვნელოვანია, რომ ჩვენ ჩვენს თავებს ვსაყვედურობდეთ ღმერთის სიტყვის თანახმად, როდესაც რიამე არასწორს გავაკეთებთ.

როდესაც ღმერთი გამოაშკარავებს ჩვენს ყოველივე ცოდვასა და სიბნელეს, ეს იმიტომ ხდება, რომ მას ჩვენ ვუყვარვართ. სიყვარულის ღმერთს სურს, რომ მისმა შვილებმა იცხოვრონ ღმერთის სრულყოფილ ნათელში, რათა მიიღებენ კურთხევებს დედამიწაზე და გარდა ამისა, ისინი იცხოვრებენ სინათლის ყველაზე კაშკაშა ადგილას ზეციურ სამეფოში. ამისათვის, ჩვენ უნდა განვდევნოთ ყველაფერი რაც სიბნელეს ეკუთვნის და ჩამოვაყალიბოთ სიწმინდე და სრულყოფილება, რათა დავემსგავსოთ ღმერთს, რომელიც სინათლეა (მათე 5:48; 1 პეტრე 1:16).

მას შემდეგ რაც იგი უფალს შეხვდა, პავლე მოციქული დაემორჩილა ქრისტეს და უამრავ წარმართს უქადაგა სახარება. მან თქვა „მე ყოველდღე ვკვდები, ვფიცავ თქვენს სიქადულს, ძმანო, რომელიც მაქვს ჩვენი უფლის იესო ქრისტეს მიერ" (1 კორინთელთა 15:31).

თუ ჩვენ მთლიანად განვდევნით ხორციელ ფიქრებს და გვექნება მხოლოდ სულიერი ფიქრები, როგორიც არის „როგორ შემიძლია მივაღწიო ღმერთის სამეფოს და მის სამართლიანობას? როგორ ვაკურთხო ჩემი გული? როგორ წარვუდგენ უფრო მეტ სულს ზეცისაკენ?" ეს მაშინ იქნება, როდესაც შეგვეძლება ვისიამოვნოთ ჭეშმარიტი სიმშვიდით და უხვად

მოვისხათ სინათლის ნაყოფი.

სინათლის ნაყოფი არა მხოლოდ სიკეთის და სამართლიანობის შესახებ არის, არამედ ეს არის ყოველი სახის ნაყოფზე, რომელსაც ჩვენ ვისხამთ ღმერთთან მეგობრობითა და იესო ქრისტეს გულის ქონით, რომელშიც შედის სულიერი სიყვარული, ნეტარების ნაყოფი და სული წმინდის ნაყოფი. ეს ყოველი ნაყოფი მთლიანად ჩვენში უნდა მოვისხათ, რათა ახალ იერუსალიმში შესვლა შევძლოთ. თუ ყოველი ნაყოფი არ არის მთლიანად დამწიფვებული, ჩვენ ვერ შევძლებთ ახალ იერუსალიმში შესვლას. მე იმედი მაქვს, რომ შენ ბეჯითად განახორციელებ ღმერთის სიტყვას და შეტევდლება ზეცის ყველაზე კაშკაშა ადგილას ცხოვრება.

სამშვინველი, სული და სხეული სულიერ სამყაროში

კრიტერიუმი ზეციური საცხოვრებელი ადგილების კატეგორიებად დაყოფაში სულიერ სამყაროში მიცემული დიდება

აჰა, გეტყვით თქვენ საიდუმლოს: ყველანი როდი მოვკვდებით, მაგრამ ყველანი შევიცვლებით, – ერთ წამში, თვალის დახამხამებაში, როცა ახმიანდება უკანასკნელი საყვირი; რადგანაც ახმიანდება და მკვდრები აღდგებიან უხრწნელნი, ხოლო ჩვენ შევიცვლებით. რადგანაც ამ ხრწნადმა უნდა შეიმოსოს უხრწნელობა და ამ მოკვდავმა უნდა შეიმოსოს უკვდავება"
(1 კორინთელთა 15:51–53).

სხვადასხვა საცხოვრებელი ადგილები

ზეციური საცხოვრებელი ადგილები, რომლებსაც ჩვენ მივიღებდ,
განსხვავდება
იმის და მიხედვით, თუ რამდენად დავემსგავსეთ ღმერთს
და თუ რამდენად კიცხოვრეთ მისი ნების თანახმად.
ზეციურ სამეფოს აქვს სხვადასხვა საცხოვრებელი ადგილები.
რაც უფრო უკეთესია ზეციური საცხოვრებელი,
მით უფრო დიდი ღირსებითა და ბედნიერებით ვისიამოვნებთ.

ზეცას აქვს უამრავი საცხოვრებელი ადგილი

ზეცა განიცდის ძალადობას

მიზეზი იმისა, თუ რატომ არის ზეციური საცხოვრებელი ადგილები
კატეგორიებად დაყოფილი

სამოთხე, საცხოვრებელი ადგილი იმ ადამიანებისთვის, რომლებიც ძლივს
იხსნენ

ახალი იერუსალიმი, მთლიანი სულის ადამიანებისთვის განკუთვნილი
საცხოვრებელი ადგილი

ადამიანებს აქვთ მიდრეკილება დაიჯერონ რაიმე მხოლოდ მაშინ, თუ ჯი ამას საკუთარი თვალებით ხედავენ. მაგრამ არსებობს უამრავი რამ, რისი შემომწმებაც და დანახვაც ადამიანებს საკუთარი არ შეუძლიათ. მაგალითად, ქარის და ყვავილების სურნელის დანახვა შეუძლებელია, მაგრამ მაინც არსებობენ. ასევე არსებობს სულიერი სამყარო, რომელიც განზომილების უფრო მაღალ დონეზეა, ვიდრე ეს ფიზიკური სამყარო. არ არის სწორი სულიერი სამყარო უარყო მხოლოდ იმიტომ, რომ მას ვერ ხედავ.

სულიერ სივრცეში, ზეციური სამეფო მდებარეობს მესამე ზეცაში. მესამე ზეცა არის უსაზღვრო სინათლის სივრცე და აქვს რამდენიმე სხვადასხვა საცხოვრებელი ადგილები სამოთხიდან დაწყებული ახალი იერუსალიმით დამთავრებული. თითოეულ ადამიანზე გადაცემული საცხოვრებელი ადგილები განსხვავდება იმის და მიხედვით, თუ რამდენად განიწმინდა ადამიანი და რწმენაში რამდენად ცხოვრობდა ღმერთის ნების თანახმად.

1 კორინთელთა 15:40-41-ში წერია შემდეგი, „არიან სხეულნი ზეციურნი და სხეულნი მიწიერნი, მაგრამ სხვაა ზეციერთა დიდება და სხვა - მიწიერთა. სხვაა დიდება მზისა, სხვაა დიდება მთვარისა, სხვა - ვარსკვლავების; და თვით ვარსკვლავიც ვარსკვლავისაგან განსხვავდება დიდებით.“

ინდივიდუალური ქება-დიდებები ზეცაში

ღმერთის ერთ-ერთი თავდაპირველი თვისებაა სიწმინდე. ბიბლია ხშირად საუბრობს სიწმინდის შესახებ, რადგან ღმერთის სურს ადამიანებს მისი სიწმინდე ჰქონდეთ. ლევიანნი 20-26-ში წერია, „წმიდები იყავით ჩემთვის, რადგან წმიდა ვარ მე, უფალი, და გამოგარჩიეთ სხვა ხალხებისაგან, რომ ჩემი ყოფილიყავით.“ 1 პეტრე 1:16-ში ვკითხულობთ შემდეგს, „ვინაიდან დაწერილია: „წმიდანი იყავით, რადგანაც მე წმიდა ვარ“.“

ამიტომ, ისინი, რომლებიც წმინდა ღმერთის ნების თანახმად ცხოვრობენ, არიან ადამიანები, რომლებიც ეკუთვნიან ზეცას. ზეციურ სამეფომში ისინი სიამოვნებას მიიღებენ ზეციური დიდებით. მეორეს მხრივ, ისინი რომლებიც ცოდვებსა და ბოროტებაში ცხოვრობენ, რომელიც ღმერთის ნების წინააღმდეგ არის, არიან ადამიანები, რომლებიც ეკუთვნიან დედამიწას და შედეგად ჯოჯოხეთში წავლენ.

ისინი, რომლებიც დედამიწას ეკუთვნიან არ არიან მხოლოდ ის ადამიანები, რომლებიც არ იღებენ იესო ქრისტეს და არ სწამთ ღმერთის. მათე 7:21-ში წერია, „ვინც მეუბნება: უფალო, უფალო! ყველა როდი შევა ცათა სასუფეველში, არამედ ის, ვინც ადასრულებს ჩემი ზეციერი მამის ნებას.“ მაშინაც კი, თუ ისინი ამბობენ „უფალო, უფალო“, და რომ ღმერთის სწამთ, მაინც იმ ადამიანებს შორის არიან, რომლებიც ეკუთვნიან დედამიწას.

რა უნდა ვქნათ იმისათვის, რომ ზეციურ სამეფოში წავიდეთ და ვისიამოვნოთ მზის დიდებით როგორც ადამიანი, რომელიც ეკუთვნის ზეცას? ებრაელთა 12:4-ში ჩვენ ვხედავთ, რომ სიცოცხლის განმავლობაში დედამიწაზე, ჩვენ უნდა ვიბრძოლოთ ცოდვების წინააღმდეგ „სისხლის ღვრამდე“. გარდა ამისა, 1

თესალონიკელთა 5:22-ში წერია, რომ ჩვენ უნდა მივაღწიოთ სიწმინდეს ყოველი ბოროტების განდევნით. ზუსტად როგორც მზის სინათლე, მთვარის სინათლე და ვარსკვლავების სინათლე ერთმანეთისგან განსხვავდება, ადამიანების დიდებაც, რომლებიც ზეცას მიეკუთვნება, განსხვავებული იქნება.

ესაია 60:1 ამბობს შემდეგს, „აღდექ, განათდი, რადგან მოაწია შენმა ნათელმა და უფლის დიდება გაბრწყინდა შენზე." მას შემდეგ რაც იესო ქრისტეს მივიღეთ, რომელიც მოვიდა როგორც სამყაროს სინათლე, ჩვენ იმდენად გამოვასხივებთ სულიერ შუქებს, რამდენადაც ღმერთის სიტყვით მოვიქცევით. როგორც ადამიანები, რომლებიც ზეცას მიეკუთვნებიან, ჩვენ მზის სინათლესავით კაშკაშა შუქები უნდა გამოვასხივოთ, რათა განვდევნოთ სიბნელე, წარვუძღვეთ სულებს ხსნის გზისაკენ და ვადიდოთ ღმერთი.

ზეცას აქვს უამრავი საცხოვრებელი ადგილი

იესოს სიკვდილამდე მას ვახშამი ჰქონდა თავის მოწაფეებთან ერთად მარჯოზთან ზედა ოთახში. საიდუმლო სერობაზე, მან მათ შეახსენა ზეციური სამეფოს არსებობის შესახებ, რათა ამის იმედი ჰქონოდათ.

იესო ამბობს იოანე 14:2-ში „მამაჩემის სახლში ბევრი სავანეა. ასე რომ არა, განა გეტყოდით, მივდივარ, რათა ადგილი გაგიმზადოთ-მეთქი? ხოლო როცა წავალ და ადგილს გაგიმზადებთ, კვლავ მოვალ და ჩემთან წაგიყვანთ, რათა, სადაც მე ვიქნები, თქვენც იქვე იყოთ."

იესო ჯვარცმიდან მესამე დღეს და ავიდა ზეცაში უამრავი ადამიანის თვალწინ. იგი წავიდა რომ საცხოვრებელი ადგილები მოემზადებინა ზეცაში,

საღაც ღმერთის შვილები სამუდამოდ იცხოვრებღნენ. როღესაც მან თქვა „მამაჩემის სახლში ბევრი სავანეა,“ იგი გამოხატავს იმ სურვილს, რომ ყოველი აღამიანი უნღა იხსნას (იოანე 14:2).

ზეცა არის სულიერი სივრცე, რომელიც შეიქმნა იქამღე, სანამ ღმერთი შექმნიღა ღეღამიწას. ეს არის უსაზღვრო აღგილი, რომლის სიღრმის, სიგანის, სისქელის ღა მოცულობის გაზომვა აღამიანის გონებით შეუძლებელია. იქ მღებარეობს ღმერთის ტახტი, უთვალავი სულიერი არსება ღა სახლები, საღაც ღმერთის შვილები იცხოვრებენ სამუღამოდ. ზეციური სამეფოს ცენტრში არის ახალი იერუსალიმი, რომელიც ზეცის ყველაზე ღიღებული საცხოვრებელი აღგილია.

სულიერი შუქები, რომლებიც ღმერთის ტახტიღან გაღმოეღინება ღა სიცოცხლის წყლის მღინარე, ღმერთის შვილებს ბეღნიერებასა ღა უფრო მეტ ღიღებას ანიჭებს.

ახალი იერუსალიმის ქალაქი მღებარეობს მესამე ზეცის მწვერვალზე, ღა ახალი იერუსალიმის „ქვემოთ“ არის მესამე, მეორე, ღა პირველი ზეციური სამეფოები ღა სამოთხე. თუმცა, ეს იმას არ ნიშნავს, რომ ისინი შენობასავით ჩამწკრივებულია. ზეცაში ყოველი საცხოვრებელი აღგილი ჰორიზონტალურია ღა თან ვერტიკალური ღა თითოეული მათგანი განსხვავებული სიმაღლის არის.

ზეცა განიცღის მშვიღობას

მათე 11:12-ში წერია, „ვინაიღან იოანე ნათლისმცემლიღან მოყოლებული ღღემღე, ცათა სასუფეველი ძალით იღება, ღა ძალისმხმეველნი მიიტაცებენ მას.“ ზეცა არის ლამაზი ღა მშვიღი

ადგილი, და მაშინ რატომ წერია, რომ ცათა სასუფეველი ძალით იღება, და ძალისმხმეველნი მიიტაცებენ მას?

ეს იმას ნიშნავს, რომ ის ადამიანები, რომლებსაც აქვთ ზეციური სამეფოს იმედი, რწმენაში კარგი ცხოვრებით იცხოვრებენ და შეეცდებიან ახალ იერუსალიმის ქალაქში შესვლას. კარგი ცხოვრება არის ნაგულისხმევი „ძალისმხმეველნი მიიტაცებენ მას" გამოთქმაში.

ვის წინააღმდეგ უნდა იყვნენ ისინი ძალისმხმეველნი? ისინი ძალისმხმეველნი უნდა იყვნენ ეშმაკის და სატანის წინააღმდეგ, რომლებიც ადამიანებს ცოდვების ჩადენისკენ მოუწოდებენ. ზეცაში ასასვლელად, ჩვენ უნდა ვიბრძოლოდ სიბნელის წინააღმდეგ და დავამარცხოთ იგი. ადამიანების გასანადგურებლად, სატანა აქეზებს მათ ცოდვილ ბუნებას და ცოდვებს აღენინებს. ისინი, რომლებსაც დიდი სურვილი აქვთ ზეციურ სამეფოში წასვლისა, დაამარცხებენ მას ღმერთის სიტყვით.

ჩვენ შეგვიძლია ძალით ავიღოთ ახალი იერუსალიმის ქალაქი, რომდესაც ღმერთის წმინდა შვილები გავხდებით (1 ტიმოთე 4:5). 2 კორინთელთა 12:1-დან ჩვენ ვხედავთ, რომ პავლე მოციქული წავიდა სამოთხეში, რომელიც მესამე ზეცაშია და შეისწავლა ზეციური სამეფოს დიდი საიდუმლოებანი. ამის შემდეგ იგი სულ იბრძოდა სანამ წამებული არ გახდა. მან ახალი იერუსალიმის ქალაქი ძალით აიღო.

აპოკალიფსი 19:7-8-ში წერია, „გვიხაროდეს და ვილხენდეთ, და დიდება მივაგოთ მას, ვინაიდან მოვიდა კრავის ქორწილი და მისმა სასძლომ განიმზადა თავი. და მიეცა მას შესამოსად წმიდა და ნათელი ბისონი, რადგანაც წმიდათა სიმართლეა იგი," და აპოკალიფსი 22:14-შიც წერია, „ნეტა მათ, რომელნიც

რეცხავენ თავიანთ სამოსს, რათა ჰქონდეთ უფლება სიცოცხლის ხის მიმართ, რომ ბჭით შევიდნენ ქალაქში.“

აქ „სამოსი“ და „წმინდა და ნათელი ბისონი“ გულისხმობს ადამიანთა გულსა და ქმედებებს. ჩვენ მხოლოდ მაშინ შევძლებთ გავცდეთ კარიბჭეებს და წმინდა ქალაქში შევიდეთ, როდესაც განვწმენდთ ჩვენს გულებსა და ქმედებებს. იმისათვის, რომ ახალ იერუსალიმში შევიდეთ, ჩვენ ჯერ ხსნის კარიბჭე უნდა გავიაროთ და დავიმსახუროთ სამოთხეში შესვლა. შემდეგ გავივლით პირველი, მეორე და მესამე ზეციური სამეფოების კარიბჭეებს. და ბოლოს, ჩვენ უნდა გავიაროთ ახალი იერუსალიმის მარგალიტის კარიბჭე.

მიზეზი იმისა, თუ რატომ არის ზეციური საცხოვრებელი ადგილები კატეგორიებად დაყოფილი

როგორც ზემოთ ვახსენე, ყოველ მორწმუნეს აქვს თავისი განსხვავებული სულიერი სინათლის სიკაშკაშე. მორწმუნეები რაც უფრო მეტად იცხოვრებენ ღმერთის სიტყვის თანახმად და განდევნიან ცოდვებს, მით უფრო ლამაზი და კაშკაშა იქნება სინათლე, რომელსაც ისინი ასხივებენ. მათ, რომლებიც მთლიანად ნაყურთიხნი გახდნენ, ისეთი კაშკაშა შუქები აქვთ, რომ მათ, რომელთაც საერთოდ არ აქვთ, პირდაპირ ვერ უყურებენ.

თუ კი ადამიანის სალი აზრით ვიფიქრებთ, ადვილად გავიგებთ, რომ რთულია იმ ადამიანების თანაცხოვრება, რომლებსაც აქვთ ძლიერი სულიერი შუქები და რომლებსაც არ აქვთ. დედამიწაზეც კი, უფრო კომფორტულია თუ კი ბავშვები ბავშვებთან შეიყრიან თავს, მოზარდები მოზარდებთან და ზრდასრულები კი ზრდასრულებთან. ბავშვები და

ზრდასრულები ვერ იმეგობრებენ ერთმანეთთან, რადგან სამყაროები, რომლებშიც ისინი ცხოვრობენ, განსხვავდება და მათი გონება და აზროვნებაც მნიშვნელოვნად განსხვავებულია.

ანალოგიურად, ისინი, ვისაც მსგავსი სულიერი სინათლის სიკაშკაშე აქვს, იცხოვრებენ ერთ და იგივე ადგილას. რა მოხდებოდა, თუ ჯი ყველა ერთი და იგივე ადგილას იცხოვრებდა ზეცის საუკუნო სამეფოში? ისინი, რომლებიც ნაკურთხნი არიან, გაუგებენ ერთმანეთის გულებს და არ იგრძნობენ უხერხულობას. მაგრამ ისინი, რომლებიც არ არიან ნაკურთხნი, ვერ გაუგებენ მათ. ამ მიზეზის გამო, ღმერთმა კატეგორიებად გაანაწილა სხვადასხვა საცხოვრებელი ადგილები, რათა მსგავსი სულიერი ბრწყინვალების მნიშვნელობის მქონე ადამიანებმა კომფორტულად იცხოვრონ ერთად.

აპოკალიფსი 21:23-ში წერია, „ქალაქს არც მზე სჭირდება მანათობლად და არც მთვარე, რადგანაც ღვთის დიდებამ გაანათა იგი, ხოლო მისი სანთელი არის კრავი." რამდენიმე ზეციურ საცხოვრებელთა შორის, ახალი იერუსალიმის ქალაქი არის ადამიანის განვითარების კრისტალოიდი, რომელიც ღმერთმა დააგეგმა. ეს არის ადგილი, სადაც ღმერთს შეუძლია სიყვარული გაუზიაროს თავის შვილებს. ღმერთმა მოამზადა მესამე, მეორე და პირველი ზეციური სამეფოები და სამოთხე იმ ადამიანებისთვის, რომლებიც მთლიანად არ ანვითარებენ ჭეშმარიტების გულებს და არ შეუძლიათ ახალ იერუსალიმში შესვლა.

ახლა მოდით განვიხილოთ თითოეული საცხოვრებელი ადგილის თვისებები სამოთხიდან დაწყებული ახალი იერუსალიმის ქალაქით

დამთავრებული.

სამოთხე, საცხოვრებელი ადგილი იმ ადამიანებისთვის, რომლებიც ძლიერს იხსნენ

ღმერთმა იესო დედამიწაზე გამოაგზავნა ჩვენთვის, რომლებიც სიკვდილის გზას ვადექით ცოდვების გამო. იესომ გამოგვისყიდა ყოველი ცოდვისაგან თავისი ჯვარცმით. თუ ჩვენ ვირწმუნებთ, რომ იგი არის ხსნის ერთადერთი გზა და მივიღებთ მას როგორც ჩვენს პირად მხსნელს, ღმერთი მოგვცემს სული წმინდის საჩუქარს. როდესაც სული წმინდას მივიღებთ, ჩვენი სული, რომელიც მკვდარი იყო ადამის ცოდვის გამო, აღსდგება და უფლება გვექნება ღმერთს „მამა" დავუძახოთ. ეს იმას ნიშნავს, რომ ჩვენ გავხდებით ღმერთის შვილები, ჩვენი სახელები ჩაიწერება სიცოცხლის წიგნში და ზეციურ სამეფოში ცხოვრების უფლება მოგვეცემა.

მაგრამ მას შემდეგ რაც ჩვენი მკვდარი სული აღსდგება, ეს სული ვერ გაიზრდება, თუ კი არ ვიცხოვრებთ ღმერთის სიტყვის თანახმად და არ განვდევნით ცოდვებს. ჩვენი სული მაშინ იზრდება, როდესაც ცოდვებს ვდევნით. ჩვენ მხოლოდ მაშინ შევძლებთ ახალ იერუსალიმში შესვლას, როდესაც მთლიანად აღვიდგენთ ღმერთის დაკარგულ გამოსახულებას ჩვენი სულის მთლიანად გაზრდით. თუ ჩვენი გულები არ გაიზრდება და ძლიევს მივიღებთ ხსნას, როდესაც მდოგვის თესლის ხელა რწმენა გვექნება, მაშინ ჩვენ წავალთ სამოთხეში. რწმენის დონეების თვალსაზრისით, ეს არის რწმენა პირველ დონეზე. რწმენის პირველი დონე არის დონე, რომლითაც ჩვენ ხსნას სირცხვილით ვიღებთ.

სამოთხე არის ადგილი, რომელიც შეიქმნა ღმერთის სიყვარულითა და თანაგრძნობით. ღმერთმა ეს

ადგილი იმ ადამიანებისთვის მოამზადა, რომლებიც იხსნენ, მაგრამ არ არიან ღირსები ღმერთის შვილები ეწოდონ. გარკვეულწილად სამართცხვინოა მათ ღმერთის შვილები დაუძახო, მაგრამ ღმერთს მათი ჯოჯოხეთში გაგზავნაც არ შეუძლია. მაგრამ სინამდვილეში, სამოთხეში შევა ყველაზე მეტი მორწმუნე ვიდრე სხვა საცხოვრებელ ადგილებში. ეს ადგილი პირველი ზეცის სამყაროზე უფრო დიდია. სამოთხეში მყოფი ადამიანები იქნებიან მადლობელნი და სამუდამოდ ბედნიერად იცხოვრებენ მხოლოდ იმ ფაქტისთვის, რომ ჯოჯოხეთში არ მოხვდნენ და გადარჩნენ.

მიუხედავად იმისა, რომ ეს ზეცის ყველაზე დაბალი დონის საცხოვრებელი ადგილია, დედამიწაზე მაინც არ არსებობს ადგილი, რომელსაც სამოთხის სილამაზე და ჩინებულობა ექნება. ფართო დაბლობზე, რომელსაც აქვს ლამაზი ყვავილების და მწვანე ხეების სრულყოფილი ჰარმონია, სხვადასხვა ცხოველები ხეტიალობენ და ყოველი მათგანი სასიამოვნოდ გამოიყურება.

დედამიწაზე, ხეები და ყვავილები დაჭკნება და დროთა განმავლობაში გაქრება. მაგრამ, სამოთხის ხეები ყოველთვის მწვანეა და ყვავილების არასოდეს ჭკნება. როდესაც ადამიანები მიუახლოვდებიან, ყვავილები რხევას დაიწყებენ ან კვირტებს გახსნიან და დააკეტავენ, როდესაც უნიკალურ და საუცარ სურნელებას გამოყოფენ. იქ არსებობს მრავალი სახის ხილი. ისინი ცოტატი უფრო დიდებია, ვიდრე დედამიწის ხილი და ბრწინავენ. ადამიანებს მათი ჭამა ხიდანვე შეუძლიათ, რადგან იქ არ არსებობს მტვერი ან მწერები.

ხილის ჭამისას მათ შეუძლიათ ბალახზე დასხდნენ და ჰქონდეთ მეგობრული დიალოგი. ამ ადამიანებს ღმერთის სამეფოსათვის არაფერი გაუკეთებიათ

თავიანთი ამქვეყნიური ცხოვრების განმავლობაში, ამიტომ ზეცაში არანაირ ჯილდოს არ იღებენ. მაგრამ ისინი ძალიან ბედნიერები არიან იმ ფაქტით, რომ იქ არ არსებობს მწუხარება, დააქადებები, ტკივილი ან სიკვდილი. ძალიან გამონაკლის შემთხვევებში, ზოგი მათგანი შეიძლება მიწვეულ იქნას ახალ იერუსალიმში ჩატარებულ წვეულებაზე.

მაგრამ დიდი სინათლის განსხვავება არსებობს იმ ადამიანთა შორის, რომლებიც ახალ იერუსალიმში არიან და რომლებიც სამოთხეში ცხოვრობენ, ამიტომ სამოთხეში მყოფი ადამიანები ჩვეულებრივ მოწვევას არ იღებენ ხოლმე, რადგან ცხვენიათ იქ წასვლა. და როდესაც ეწვევიან ხოლმე, მათ უნდა დაიცვან კონკრეტული ბრძანებები და დრო. ისინი ძალიან ბედნიერები იქნებიან მხოლოდ დიდებული ახალი იერუსალიმის ქალაქის ნახვით და დიდი სიამოვნებ,ა სამოთხეში სხვებს გაუზიარო ის, რაც ახალი იერუსალიმში ნახე.

ზეცის კირველი სამეფო

ზეცის პირველი სამეფუო სამოთხეზე უფრო ლამაზი და ბედნიერი ადგილია. ეს არის ადგილი მათთვის, რომლებმაც მიიღეს იესო ქრისტე, აღადგინეს თავიანთი მკვდარი სულები და ეცადნენ ღმერთის სიტყვა ქმედებაში განეხორციელებინათ, მაგრამ ამის გაკეთება მთლიანად ვერ მოახერხეს. სახელდობრ, ეს არის იმ ადამიანებისთვის, რომლებსაც აქვთ რწმენის მეორე დონე.

ზეცის პირველ სამეფომში ისინი მიიღებენ ჯიდღლეობს და სახლს იმის და მიხედვით, თუ რა აქვთ დედამიწაზე გაკეთებული. ზეცის პირველ სამეფომში სახლები დედამიწის ბინებივითაა. მაგრამ ისინი

აშენებულია ოქროთი და სხვა ძვირფასი ქვებით მისი მფლობელის გემოვნების მიხედვით. შენობაში არის ლიფტები, რომლებიც მუშაობენ ღმერთის ძალით და ღილაკზე დაჭერის გარეშე მათ აჰყავხართ იმ სართულზე, რომელიც გსურს.

იმ ადამიანებს მიეცემათ საუკუნო გვირგვინი, რომლებიც შევლენ ზეცის პირველ სამეფოში (1 კორინთელთა 9:25). ეს არის მონაწილეობის პრიზივით. მათ იცოდნენ ღმერთის სიტყვა, მაგრამ არ განახხორციელეს დედამიწაზე. მათ იცოდნენ, რომ ცოდვები უნდა განეدევნათ, მაგრამ ეს არ გააკეთეს. მაგრამ ღმერთმა მათი ძალისხმევა განიხილა და სათანადოდ გადასცა მათ ჯილდოები.

ზეცის პირველ სამეფოში უამრავი ლამაზი ბაღია. ასევე არის გასართობი სამუალებებიც, როგორიც არის დიდი პარკები მრავალი ხეებით, გასართობი პარკები, ტბები, სასეირნო ბილიკები, საცურაო აუზები, გოლფის კურსები, ტენისის კორტები და ა.შ. მაგრამ გარდა ინდივიდუალური საცხოვრებელი ადგილებისა და მიცემული გვირგვინების, ყველაფერი საზოგადოებრივი სარგებლობისთვის არის.

იქ არ არიან პირადი მომსახურე ანგელოზები. თუმცა, ადამიანებს ყველგან შეუძლიათ ანგელოზების წინამძღოლობის მიღება. ეს არის ის, რაც მას პირველ რიგში სამოთხისგან განასხვავებს. მაგალითად, როდესაც ისინი საუბრობენ სკამზე, მათ შეუძლიათ ანგელოზს სთხოვონ ხილი მიუტანონ. მაგრამ სამოთხეში, მათ ეს თვითონ უნდა გააკეთონ. ამ გზით, არსებობს დიდი განსხვავება სამოთხესა და ზეცის პირველ სამეფოში. ისინი, რომლებიც ზეცის პირველ სამეფოში არიან, არ ეჭვიანობენ იმ ადამიანებზე, რომლებიც ცხოვრობენ უფრო მაღალი დონის საცხოვრებელ ადგილას. ყველა უალესად ბედნიერი და კმაყოფილია თითოეულ საცხოვრებელ ადგილას.

ზეცის მეორე სამეფო

ზეცის მეორე სამეფო კიდევ უფრო ლამაზი და ბრწყინვალეა ვიდრე პირველი სამეფო. ძვირფასი ქვებით აშენებული სახლები უფრო ლამაზი და ჩინებულია. სხვადასხვანაირი ცხოველებისა და მცენარეების რაოდენობა განსხვავდება სამოთხისა და ზეცის პირველი სამეფოსაგან. ერთი და იგივე ცხოველებიც ან მცენარეებიც კი უფრო ლამაზია აქ ვიდრე ზეცის პირველ სამეფოში. ცხოველების შემთხვევაში, ფიზიკური დიდება უფრო მოხდენილია და სილამაზე უფრო ჩინებულია და ბუმბულების და ბეწვის ფერებიც უფრო ბრწყინვალეა. იგივეა ყვავილების სურნელსა და ფერზეც.

ზეცის მეორე სამეფო არის იმ ადამიანებისთვის, რომლებმაც ქმედებებში განახორციელეს ღმერთის სიტყვა, მაგრამ მთლიანად ვერ მიალწიეს კურთხევას, სახელდობრ იმ ადამიანებისთვის, რომლებიც რწმენის მესამე დონეზე არიან. მათ ყველა საჭიელის ცოდვა განდევნეს, მაგრამ მთლიანად არ განუდევნიათ ფიქრებში და გულში ჩადენილი ცოდვები.

ისინი მიიღებენ ერთ სართულიან ინდივიდუალურ სახლს. ეს სახლები უფრო მეტად ლამაზი და გრანდიოზულია, ვიდრე დედამიწაზე არსებული ნებისმიერი რეზიდენცია. სახლის გარდა, საყოველთაოდ მიცემული ჯილდო არის დიდების გვირგვინი. ისინი ღმერთს დედამიწაზე ადიდებენ და ამიტომ ღმერთი მათ დიდების გვირგვინს აძლევს (1 პეტრე 5:4).

გარდა სახლისა და გვირგვინისა, მათ, რომლებიც ზეცის მეორე სამეფომში მიდიან, შეუძლიათ ჰქონდეთ რაიმე ინდივიდუალურად, რაც ყველაზე მეტად სურთ. თუ მათ საცურაო აუზი სურთ, შეუძლიათ ჰქონდეთ საოცარი და დიდებული ძვირფასი ქვებით მორთული

საცურაო აუზი. თუ კი ტბა სურთ, ესეც შეუძლიათ ჰქონდეთ. თუ კი სეირნობა მოსწონთ, შეუძლიათ ჰქონდეთ სასეირნო ბილიკები უამრავი მცენარეებითა და ყვავილებით მორთული.

რადგან ყველას განსხვავებული გემოვნება აქვს, იქ არის ყველა სახის დაწესებულებები, რათა ერთმანეთის ეჭვიონ სახლებში. ზეცაში ყველა ყველას ემსახურება და ამიტომ სახლში მიჩვევაზე არავინ ეუბნება ერთმანეთის უარს. არამედ ისინი ბედნიერები არიან, რომ საშუალება აქვთ ყველაფერი ერთმანეთის გაუზიარონ.

მათ, რომლებიც ზეცის მეორე სამეფოში არიან, არ შურთ სხვა ადამიანების ქონების. არამედ ისინი მადლიერნი არიან, რომ ღმერთმა მათ ასეთი ჯილდო გადაასცა, რომელიც უფრო მეტია, ვიდრე რაც მათ გააკეთეს დედამიწაზე. ერთი რამ, რაც მათ გონებაშია, არის ის, რომ მათ მთლიანად არ აკურთხეს თავიანთი თავები დედამიწაზე ცხოვრებისას.

ზეცის მესამე სამეფო

დიდების განსხვავება ზეცის მეორე და მესამე სამეფოებს შორის არის ზეცებსა და დედამიწას შორის განსხვავებასავით. ეს განსხვავება წარმოიშობა იქიდან, რომ ადამიანმა მიაღწია თუ არა კურთხევას. ისინი, ვინც ზეცის მესამე სამეფოში ცხოვრობენ არიან რწმენის მეოთხე დონეზე. მათ მიაღწიეს სიწმინდეს, რათა ზეცაში ჯილდოთ ყველანაირი საშუალება ჰქონოდათ. მათ შეუძლიათ ჰქონდეთ გოლფის კურსები, საცურაო აუზები და საცეკვაო დარბაზები - ეს იმას ნიშნავს, რომ მათ შეუძლიათ ყველაფერი ჰქონდეთ რასაც მოისურვებენ, რათა არ დასჭირდეთ სხვა ადამიანის სახლში ამ საშუალებების გამოყენება.

სახლებს აქვს მრავალი სართული და ისეთი დიდები

და ტემოვნებითიანებია, რომ დედამიწაზე ნებისმიერ მილიარდელსაც კი არ ექნება ესეთი სახლი. ამ სახლებს აქვთ დიდი ბაღები სურნელოვანი ყვავილებითა და ხეებით, რომლებიც ლამაზადაა მორთული. რა თქმა უნდა, ეს სახლები ნაკლებად დიდი, ლამაზი და დიდებულია, ვიდრე ახალი იერუსალიმის სახლები. შეფარდების თვალსაზრისით რომ ვისაუბროთ, თუ ჩვენ ვიტყვით, რომ ახალ იერუსალიმში ყველაზე პატარა სახლი არის 100 ერთეული, მაშინ ზეცის მესამე საჭეფოში ყველაზე დიდი სახლი არის 60 ერთეული. ეს ბვეუბნება, თუ როგორი კმაყოფილია ღმერთი იმ ადამიანების, რომლებიც ახალ იერუსალიმში შევიდნენ.

ზეცის მესამე საჭეფოში სახლები ისეთ ლამაზ სურნელებას აფრქვევენ და შუქებს ასხივებენ, რომ სახლის პატრონი ემსგავსება ღმერთს. სახლების საერთო ფაქტორი მესამე საჭეფომშიც და ახალ იერუსალიმშიც არის ის, რომ მათ არ აქვთ სახლის სახელები. თვითონ სახლები აფრქვევენ უნიკალურ სურნელს და ლამაზ შუქებს, რომელიც წარმოადგენს მეპატრონეს და ამიტომ სახლის სახელის გარეშე ყველამ იცის თუ ვინ ცხოვრობს იმ კონკრეტულ სახლში. ასევე ის იმიტომ არის ასე, რომ ყველა წმინდანს შორის, რომლებიც ზეციურ საჭეფომში შედიან, იქ სულ რამდენიმე ადამიანია, რომლებიც მესამე საჭეფომში და ახალ იერუსალიმში შედიან.

ერთი და იგივე ოქროს გზებიც კი უეფრო ბრწყინვალე და ძვირფასია, ვიდრე ზეცის მეორე საჭეფოს გზები. რადგან მათ აქვთ ყველაფერი რაც სურთ, ზეცის მესამე საჭეფოში, ასევე ექდლევათ უამრავი ანგელოოზიც. არიან დამხმარე ანგელოოზები, რომლებიც მართავენ სახლს და უმასპინძლდებიან სტუმრებს. ზეცის მეორე საჭეფომდე არ არსებობენ პირადი დამხმარე ანგელოოზები, მაგრამ მესამე საჭეფოსა და

ახალ იერუსალიმში ანგელოზები ენიშნება ყველა იქ მცხოვრებს. მათ ასევე ყავთ ღრუბლის მაგვარი ავტომობილი და შეუძლიათ უსაზრვროდ იმოგზაურონ ზეციურ სამეფოში.

სიცოცხლის გვირგვინი გადაეცემათ ზეცის მესამე სამეფოს მოსახლეებს. ეს არის ძირითადი ჯილდო, რადგან მათ ჩააბარეს ღმერთისთვის თავიანთი სიცოცხლის მიძღვნის გამოცდები (იაკობი 1:12). ზეცის მეორე სამეფოს მოქალაქეებისგან განსხვავებით, მესამე სამეფოს მოქალაქეებმა დიდებული ცხოვრებით იცხოვრეს. მაგრამ ამ ადამიანებსაც აქვთ სინანული, როდესაც ახალ იერუსალიმს ხედავენ. ამიტომ, მეტად მნიშვნელოვანია, რომ ჩვენ ღმერთს ვასიამოვნებთ იმით, რომ მის ყოველ სახლში ერთგულები ვიქნებით.

ახალი იერუსალიმი, მთლიანი სულის ადამიანებისთვის განკუთვნილი საცხოვრებელი ადგილი

პავლე მოციქულმა თქვა ახალი იერუსალიმის ქალაქის დიდების შესახებ აპოკალიფსი 21:11-ში, „...მისი მნათობი პატიოსან თვალსა ჰგავდა, ბროლივით გამჭვირვალე იასპის ქვას.“

ქალაქი მთლიანად ღმერთის დიდებით არის გარშემორტყმული. ახალი იერუსალიმის ქალაქიდან გამოსხივებული შუქები ისეთი ლამაზი და დიდებულია, რომ მათი დანახვისას წამოძახილს ვერ შევიკავებთ. ეს ადგილი არის მთლიანი სულის ადამიანებისთვის, რომლებმაც მიაღწიეს რწმენის მეხუთე დონეს.

ქალაქი გარშემორტყმულია მაღალი კედლებით, რომლებიც ასხივებენ ბრწყინვალე შუქებს და ეს არის ზეცის მესამე სამეფოსა და ახალი იერუსალიმის ქალაქის საზღვარი. ახალი იერუსალიმის ზომა

ერთი და იტივეა სიგანეში, სიგრძეში და სიმაღლეში. თითოეული მათგანი 12000 სტადიაა (აპოკალიფსი 21:16).

თუ კი ახალი იერუსალიმის ქალაქს ჰორიზონტალურად დაინახავ, ქალაქის ფართობი 58-ჯერ დიდია სამხრეთ კორეაზე. მაგრამ ფართობის ეს გაანგარიშება მხოლოდ ორ-განზომილებიანია. ახალი იერუსალიმიც 2400 კილომეტრის სიმაღლისაა. ამიტომ, ჩვენ მთლიანად არ გვესმის ახალი იერუსალიმის ქალაქის სივრცე ჩვენი ფართობის წარმოდგენით.

ქალაქის თითოეულ კედელს აქვს სამი მარგალიტის კარიბჭე, რომელიც ჯამში შეადგენს თორმეტს. კედლის საძირკვლის ქვები არის სხვადასხვა ძვირფასი ქვები. თითოეულ კარიბჭეს იცავს ანგელოზი და გზები გაკეთებულია ბაჯაღლო ოქროთი, რომელიც კრისტალურად სუფთა მინასავით არის. გარდა თორმეტი საძირკვლის ქვისა, ასევე არსებობს სხვა მრავალი ძვირფასი ქვა. ზოგი მათგანი ისეთი დიდია, რომ მათ ზომას ვერც კი წარმოვიდგენთ. ზოგი მათგანი კი ორმაგ ან სამმაგ სხვადასხვა შუქებს ასხივებს.

ახალი იერუსალიმის ქალაქის შიგამხარე შეიძლება დაიყოს მამა ღმერთის, უფლის და სული წმინდის ადგილებად. მამა ღმერთის ადგილას მდებარეობს რწმენის პატრიარქების სახლები, რომლებიც აქტიურობდნენ ძველი აღთქმის დროს, მაგალითად როგორიც არის ელია, ენოქი, მოსე და აბრაამი. ღმერთის ტახტიდან მარჯვნივ არის უფლის ადგილი, სადაც უფლის მთავარი სასახლე მდებარეობს, რომელსაც ოქროს სახურავი აქვს. სასახლის გარშემო უამრავი სხვადასხვა ფერის და ფორმის შენობაა. ყველაზე ახლოს მდებარეობს მისი მოწაფეების, პეტრეს, იოანეს და იაკობის სახლები და შემდეგ მოდის სხვა მოწაფეების სახლები.

ღმერთის ტახტიდან მარცხნივ არის სული წმინდის

ადგილი. ამ ადგილას მდებარეობს იმ ადამიანების სახლები, რომლებიც გახდნენ მთლიანი სულის ადამიანები სული წმინდის დროს. ზოგი სახლი უკვე დასრულებულია, რომდესაც ზოგს ჯერ კიდევ რთავენ ლამაზი ძვირფასი ქვებით. ზოგი სახლისთვის, მათი მიწა ფართოვდება, რადგან სახლის პატრონი კიდევ უფრო მეტ სულს უძღვება ხსნის გზისაკენ.

ახალ იერუსალიმში სახლები ისეთი დიდი და საუცხოოა, როგორც უზარმაზარი სასახლეები. თითოეულ სახლს აქვს ყველანაირი დაწესებულება, რაც პატრონს სურს და ადამიანს ადვილად შეუძლია იცნოს თუ ვისი სახლია, რადგან იგი აშენებულია მეპატრონის რწმენის, ჯილდოების და გემოვნების მიხედვით. ღმერთის დიდების სინათლე და ძვირფასი ქვები, რომლებითაც მორთულია ყოველი სახლი, გვეუბნება, თუ რამდენად წმინდა იყო სახლის მეპატრონე და დედამიწიდან რამდენად ასიამოვნა მან ღმერთი.

ოქროს გვირგვინი და სამართლიანობის გვირგვინი ძირითადად გადაეცემათ იმ ადამიანებს, რომლებიც ახალ იერუსალიმში შევლენ. ოქროს გვირგვინი მრავალი სახის ძვირფასი ქვით არის მორთული. აპოკალიფსი 4:4 გვეუბნება „ტახტის გარშემო ოცდაოთხი ტახტი და მათზე მსხდომარე ოცდაოთხი უხუცესი, რომელთაც ემოსათ სპეტაკი სამოსი და თავს ედგათ ოქროს გვირგვინნი.“

ოქროს გვირგვინის ოქრო არის ბაჯაღლო ოქრო, რომელსაც სხვა არავითარი ნივთიერება არ გააჩნია. იგი წარმოადგენს ჭეშმარიტ რწმენას, რომელიც არასოდეს იცვლება. ეს არის ჯილდო, რომელიც იმ ფაქტისთვის გადაეცემათ, რომ მათ მიაღწიეს რწმენის იმ ზომას, რომელიც ღმერთის სიამოვნებას ანიჭებს.

სამართლიანობის გვირგვინი გადაეცემა იმ

ადამიანებს, რომლებმაც ჩამოაყალიბეს წმინდა გული, რომელიც წუნდაუდებელი და შეუბღალავია და ადამიანებს, რომლებიც ღმერთის სამეფოს ერთგულნი იყვნენ (2 ტიმოთე 4:7-8). გარდა სამართლიანობის და ოქროს გვირგვინებისა, სხვა სახის გვირგვინები გადააცვემათ იმ ადამიანებს, რომლებიც ახალ იერუსალიმში შევლენ. თითოეული შემთხვევისათვის, როდესაც მათ დედამიწაზე ღმერთი ადიდეს, გვირგვინი გადააცვემათ ჯილდოდ.

გარდა ამისა, არსებობს სხვა რადაცეებიც, რომლებიც ღმერთმა ჩვენთვის მოამზადა ახალი იერუსალიმის ქალაქში. ამის შესახებ, აპოკალიფსი 21:2-ში წერია, „ვიხილე წმიდა ქალაქი, ახალი იერუსალიმი, ღვთისაგან ჩამომავალი ზეცით, სასძლოსავით გამზადებული და სასიძოსთვის შემკული.“ ზუსტად როგორც პატარძლები ლამაზად გამოეწყობიან ხოლმე ქორწილის დღისათვის, ღმერთმა ახალი იერუსალიმის მორთო ყველაზე ლამაზად, კომფორტულად და ბედნიერ ადგილად ზეციურ საცხოვრებელთა შორის.

ზოგ სახლს აქვს დიდი ტბა, ტყე, დაბლობი, ლამაზად მოწყობილი ბაღები, გასართობი დაწესებულებები, უთვალავი ჩიტები და ლამაზი ცხოველები. ადამიანები იქ სამუდამოდ მიიღებენ სიამოვნებას დიდებასა და ემოციაში, რომლის შესაბამისად აღწერა შეუძლებელია.

არ არსებობს უამრავი ადამიანი, რომლებიც ახალ იერუსალიმში შევიდნენ ადამიანთა გაშენების შემდეგ. ღმერთის სურს რომ ყველანი გავხდეთ მისი ჭეშმარიტი შვილები და შევიდეთ ახალ იერუსალიმში, მაგრამ უამრავი ადამიანი არსებობს, რომლებიც ძლიევს იხსნენ. ისინი ყოველთვის მადლიერნი არიან

მხოლოდ იმ ფაქტისთვის, რომ ჯოჯოხეთში არ ჩავარდნენ და სამაგიეროდ შეუძლიათ სამუდამოთ დაისვენონ სამოთხეში.

სამოთხეში ნაგრძნობი ბედნიერებას ვერც ვი შეადარებ იმ გრძნობებს, რომლებიც ახალ იერუსალიმში გეუფლება. ასევე ძალიან განსხვავებულია ზეცის პირველი სამეფოს ბედნიერებისაგან. არსებობს უამრავი განსხვავება გარემოში და სხვა პირობებში თითოეულ საცხოვრებელ ადგილს შორის დმერთის სამართლიანობის მიხედვით. მან სამუალება მისცა ერთად ეცხოვრათ იმ ადამიანებს, რომლებიც მსგავს სულის დონეზე არიან, რათა დიდი თავისუფლება და ბედნიერება შეიგრძნონ ზეცის თითოეულ საცხოვრებელ ადგილას. ამ გზით, ადამიანები ცხოვრობენ თავიანთ შესაბამის ზეციურ საცხოვრებელ ადგილას და ასეთი ცხოვრებისათვის, მათ აქვთ სულიერი სხეული, რომელიც ველაზე მეტად არის შესაფერისი სულიერი სივრცისათვის.

სამშვინველი, სული და სხეული სულიერ სივრცეში

ღმერთის საჩუქარი გამდოგვეცემა სხვადასხვა ზომაში იმის და მიხედვით, თუ რამდენად ჩამოვაყალიბეთ სული, სამშვინველი და სხეული, რომლებიც სულს ეკუთვნიან ფიზიკურ სივრცეში ცხოვრებისას. იგი გვამლევს ისეთ დიდებას, რომლითაც ვისიამოვნებთ ჩვენს ზეციურ საცხოვრებელ ადგილას და ასევე გვამლევს ტანისამოსს, გვირგვინებს და სხვა მოსართავებს იმის და მიხედვით, თუ რა გვაქვს გაკეთებული.

1. სულიერი ფორმა

2. სულის საკუთრებაში მყოფი სამშვინველი და სხეული

3. ღმერთის საჩუქარი

ფილმებში ან სატელევიზიო დრამებში ჩვენ ზოგჯერ ვხედავთ, რომ სული, რომელიც ზუსტად ადამიანივით გამოიყურება, ამოდის სხეულიდან. სული, რომელიც სხეულიდან ამოვიდა, ხედავს მწოლიარე სხეულს და აინტერესებს „რატომ წევს ჩემნაირი ადამიანი აქ?" არის ეს მხოლოდ შეთხზული რამ, რაც მხოლოდ ფილმებში და სატელევიზიო დრამებშია? ბიბლიაში წერია სულიერი სამყაროს და ჩვენი სულის არსებობს შესახებ.

იმისათვის, რომ ზეცის საუკუნო სამეფოში ვიცხოვროთ მოგვიანებით, ჩვენ უნდა გვქონდეს სული, სამშვინველი და სხეული, რომელიც ეკუთვნის სულიერ სივრცეს. ყოველი ადამიანი იბადება სულით, რომელიც მკვდარია ადამის ცოდვის გამო. შედეგად, ისინი ცხოვრობენ თავიანთი სურვილების მიხედვით. მაგრამ როდესაც იესო ქრისტეს და სული წმინდას მიიღებენ, მათი მკვდარი სული აღსდგება და გახდებიან ღმერთის ჭეშმარიტი შვილები.

ღმერთმა შექმნა ადამიანები და ანვითარებს კაცობრიობას ზუსტად ისე, როგორც ფერმერი თესავს თესლებს და აყვავებს მათ. მხოლოდ მაშინ შეგვექდლება ჩვენი სულების აღდგენა, როდესაც

გავიგებთ მის განტეებას. ჩვენ მხოლოდ მაშინ ვისიამოვნებთ ცხოვრებით ზეცის საუკუნო სამეფოში მთლიანი ზეციური სხეულით, როდესაც გვექნება სული, საშვინველი და სხეული, რომლებიც შესაფერისია მესამე ზეცაში ცხოვრებისათვის, რომელიც სინათლის სივრცეა.

როგორები ვიქნებით სინათლის სივრცეში? დედამიწაზე, ჩვენ გვაქვს ის სული, საშვინველი და სხეული, რომელიც შესაფერისია ფიზიკური სივრცისათვის. მაგრამ როდესაც სულიერ სივრცეში შევალთ, ჩვენ გვექნება იმ სივრცის შესაფერისი სული, საშვინველი და სხეული.

1. სულიერი ფორმა

სულიერი ფორმა არის სულის გამოსახულება. თითოეულ ადამიანს, რომელიც იხსნა, აქვს ფორმა, რომელიც ეკუთვნის ზეცას და თითოეული მათგანის დიდება განსხვავდება. სულიერი სხეულის სინათლე განსხვავდება თითოეული ადამიანის სიწმინდის ზომის მიხედვით. ჩვენ გვექნება აღდგარი სხეული და ამის შემდეგ სრულყოფილი ზეციური სხეული.

როდესაც ცაში არწივს ვხედავთ, ჩვენ ვამბობთ რომ ეს არწივია, რადგან მას აქვს თავისი უნიკალური ფორმა. ლომებს აქვთ ლომების ფორმა და არწივებს კი არწივების, და ჩვენ ამით ვანსხვავებთ მათ ერთამენთისაგან.

ფიზიკური სხეული არის ფიზიკური ფორმა, რომელსაც თვალებით აღვიქვამთ. ადამიანთა შემთხვევაში, ჩვენ გვაქვს ფორმა, რომელიც ეკუთვნის დედამიწას, რომელიც ჩვენი ფიზიკური სხეულია, მაგრამ ჩვენ ასევე შეგვიძლია გვქონდეს სულიერი ფორმა, რომელიც ეკუთვნის ზეცას.

1 კორინთელთა 15:38-40-ში წერია, „მაგრამ ღმერთი აძლევს მას სხეულს, როგორიც ნებავს, თვითეულ თესლს - საკუთარ სხეულს. ყოველი ხორცი ერთი და იგივე ხორცი როდია, არამედ სხვაა კაცთა ხორცი და სხვა - პიურტყვთა ხორცი, სხვა - თევზებისა, სხვა - ფრინველების. არიან სხეულნი ზეციურნი და სხეულნი მიწიერნი, მაგრამ სხვაა ზეციერთა დიდება და სხვა - მიწიერთა.“ ზუსტად როგორც ჩვენ გვაქვს ხილული ფორმა, რომელიც ჩვენი ფიზიკური სხეულია, სულსაც აქვს ფორმა. ჩვენ შეგვიძლია ვთქვათ, რომ სულიერი ფორმა არის ჭურჭელი, რომ თვით სული დაიჭიროს. რაც შეეხება ადამიანებს, როდესაც ჩვენი ცხოვრება დედამიწაზე სრულდება, სულის შიგთავსი კი არ იფერფლება, არამედ სულიერი სხეული შეიცავს მას. სულიერი სხეულის შუქები განსხვავებულია იმის და მიხედვით, თუ რომელმა განახორციელა ჭეშმარიტება

დედამიწაზე. თითოეული ადამიანის სულიერი სხეული განსხვავებულია, რაც ნიშნავს იმას, რომ ერთი სხეულის მეორისგან გარჩევა შესაძლებელია. სულიერი სხეულის სინათლის დანახვით, ჩვენ იმის თქმაც კი შეგვიძლია, თუ რომელ ზეციურ საცხოვრებელ ადგილას შევა ის ადამიანი, თუ კი ღმერთი მას ახლავე წაიყვანს.

სულიერი ფორმა არ არის აჩრდილისებრი ფიგურა. მისი ფორმა არის მყარი. მიუხედავად იმისა რომ, ისე ჩანს თითქოს მას წონა აქვს, ეს ასე არ არის. და მაინც, როდესაც ჩანს რომ წონა არ აქვს, არსებობს წონა. ეს არის ნაზი ქსოვილის ალებასავით. ვერ გრძნობ მის წონას, მაგრამ სინამდვილეში მას აქვს წონა. მაგრამ ეს იმას არ ნიშნავს, რომ სული ისეთი სუსტია, რომ ქარისგან ქანაობს. ეს ისეთი მსუბუქია, რომ მისი აწონა შეუძლებელია, მაგრამ მაინც მყარია.

ადამის სულიერი ფორმა

ადამი არის პირველი ადამიანი, რომელიც ღმერთმა შექმნა. ღმერთმა დელიკატურად შექმნა მისი შიგნეულობა, ძვლები და ადამიანის მთელი ფორმა და იგი გახდა ცოცხალი არსება, ესე იგი ცოცხალი სული, როდესაც ღმერთმა მის ნესტოებში სიცოცხლის სუნთქვა ჩაჰბერა. ადამის გულმა დაიწყო ცემა, მისმა სისხლმა მიმოქცევა და მისმა ორგანოებმა და უჯრედებმა კი მართვა. იგი იყო ლამაზი არსება, რომელსაც ჰქონდა ხორცი და ძვალი, რომლებიც არ ბერდებოდა და რომლებიც არასოდეს გაიხრწნებოდა. გარდა ამისა, როდესაც ღმერთმა მასში სიცოცხლის სუნთქვა ჩაჰბერა, ადამის სულს გაუჩდა ზუსტად მისი ფიზიკური სხეულის მსგავსი ფორმა. ზუსტად როგორც ადამს ჰქონდა ფორმა, მის სულსაც გაუჩნდა ფორმა, რომელიც მის სხეულს ჰგავდა. ადამის სული, რომელსაც შეექმნო ღმერთთან კონტაქტი და მისი სამშვინველი, რომელსაც შეექმნო სულის დახმარება,

ადამის სხეულში იმყოფებოდა.

ადამას შეეძლო დამორჩილებოდა ღმერთის სიტყვას და კავშირი ჰქონოდა ღემრთთან, რადგან მისი სამშვინველი და სხეული ემორჩილებოდნენ მის სულს. როდესაც იგი შეიქმნა, მისი სული, რომელიც სულიერ სხეულში იმყოფებოდა, იყო ცარიელი ფურცელივით. ამიტომ, ღმერთმა იგი ედემის ბაღში მიიყვანა და ასწავლა სულის ცოდნა. და ღმერთმა უთხრა ადამს, „მხოლოდ კეთილის და ბოროტის შეცნობის ხის ნაყოფი არ შეჭამო, რადგან როგორც კი შეჭამ, მოკვდებით" (დაბადება 2:17).

ედემის ბაღში დიდი ხნის შემდეგ, ადამმა შეჭამა ევას მიცემული აკრძალული ხილი, რომელიც თვითონ ევამ შეჭამა მას შემდეგ, რაც იგი სატანამ შეაცდინა. შედეგად ადამის სული მოკვდა. ამგვარად, მისი კავშირი ღმერთთან გაწყდა.

რა თქმა უნდა, ადამის სული მოვიდა ღმერთისგან, ამიტომ მისი სრულიად გაქრობა შეუძლებელია. სიცოცხლის სუნთქვას, რომელიც ღმერთმა ადამის ნესტოებში ჩაჰბერა, აქვს მარადისობის თვისება.

აქ, გამოთქმა, რომ მისი სული მოკვდა ნიშნავს იმას, რომ ღმერთთან კავშირი შეწყდა და მისი აქტიურობა მთლიანად შეჩერდა. რადგან მისი სული აღარ იყო აქტიური, სამშვინველმა დაიკავა მისი ადგილი და დაიწყო სხეულის მართვა. ადამის დაცემის შემდეგ, სულის ცოდნამ, რომელიც ადამს ცოცხალ სულად ინახავდა, დაიწყო გაქრობა. შემდეგ ხორციელმა თვისებებმა, რომლებიც ეკუთვნის სიბნელეს, დაიწყეს სულიერ ფორმაში მოსვლა. ამ მომენტიდან ადამის სხეული ფიზიკური ბრძანების კონტროლის ქვეშ იყო. იგი გახდა არსება, რომელიც უნდა შეცვლილიყო და დაბერებულიყო და რომელსაც საბოლოოდ სიკვდილი ელოდა.

ადამიანის სულიერი ფორმა სიკვდილის დროს

რაც შეეხება ადამიანებს, მას შემდეგ რაც მათი ფიზიკური სხეული კვდება, სული და სამშვინველი იქნებიან სულიერ ფორმაში და სამუდამოდ იარსებებენ. სამშვინველი არ კრება ფიზიკური სიკვდილის შემდეგ, რადგან იგი გაერთიანებულია სულთან. მას შემდეგ რაც სხეული კვდება და ტვინი ფუნქციონირებას წყვეტს, ცოდნა, რომელიც ტვინშია დარჩება სულიერ ფორმაში. ასევე დარჩება ფიქრები და გრძნობები.

ერთის მხრივ, თუ ადამიანი იესო ქრისტეს მიიღებს, იცხოვრებს ღმერთის სიტყვის თანახმად და სინათლეში შესვლის უფლებას მიიღებს, მისი სულიერი ფორმა იქნება ბრწყინვალე. მეორეს მხრივ, თუ კი ადამიანის სული მკვდარია, რადგან მას არ აქვს მეგობრობა ღმერთთან, რომელიც თვით ნათელია, მაგრამ ცხოვრობს ცოდვებში, მის სულიერ ფორმას მხოლოდ სიბნელე ექნება.

სიკვდილისას იმ ადამიანების გამოსახულება, რომლებიც იხსნენ და რომლებიც ვერ იხსნენ, სრულიად საწინააღმდეგო იქნება. ისინი, რომლებიც არ იხსნენ, საბოლოოდ შიშში მოკვდებიან თვალგახელილები, მაგრამ ისინი, რომლებიც იხსნენ, თვალდახუჭულები სიმშვიდეში მოკვდებიან. ისინი გაიგებენ, რომ არსებობს ზეცა და ჯოჯოხეთი, როდესაც მათი სული გამოვა მათი სხეულიდან.

ზოგიერთი, რომელიც ვერ გადარჩა, ხედავს, რომ ჯოჯოხეთის მომასწავებლები ელოდებიან მას. ჯოჯოხეთის მომასწავებლები თავიდან ბოლომდე სიბნელით არიან სავსენი. მათ აცვიათ შავი მანტიები. მათ აქვთ ფერმიხდილი სახეები, მოშავო წითელი ტუჩები და ძალიან მუქი ენერგია თვალების ქვეშ. ამ მომენტში, იგი ხვდება, რომ მართლაც არსებობს ზეცა და ჯოჯოხეთი და კვდება შიშში. მაგრამ მისთვის უკვე გვიანია. წარსულის სინანული ვეღარ უშველის მას. იგი ვერ გადაურჩება ჯოჯოხეთს.

მაგრამ მათ, რომლებიც რწმენით და ქრისტიანული

ცხოვრებით ცხოვრობენ, არაფრის არ უნდა ეშინოდეთ. სიკვდილამდე ისინი ხედავენ თეთრ მანტიებში გამოწყობილ ორ ანგელოზს, რომლებიც მას ელოდებიან, ამიტომ მათი სახეები ვარდისფერია და ისინი სიმშვიდეში არიან. ამ დროს მათი სული შორდება სხეულს და ისინი გრძნობენ აურაცხელ სიხარულსა და ბედნიერებას.

ერთი მორწმუნე არსებობდა, რომელიც ცხოვრობდა რწმენით ჩვენს ეკლესიაში და იგი გარდაიცვალა. მას ისეთი კეთილი გული ჰქონდა, რომ არასოდეს ჰქონია ვინმესთან კონფლიქტი. მას ღმერთი ყველაზე მეტად უყვარდა და მისი პირველი პრიორიტეტი ყოველთვის ღმერთის საქმე იყო. მას არ დაუშურებია საკუთარი სიცოცხლე, როდესაც ეს ღმერთის სამეფოსათვის იყო. მე ვხედავდი ნათელ შუქებს, რომლებიც მისი დაკრძალვის ადგილიდან გამოდიოდა. როდესაც დავინახე ანგელოზების კეთილშობილება, რომლებიც მისი სულის წასაყვანად მოვიდნენ, მე წარმოვიდგინე, თუ როგორ ზეციურ საცხოვრებელ ადგილას წავიდოდა იგი.

გადარჩენილი ადამიანის სულიერი ფორმა

როდესაც გადარჩენილი ადამიანი კვდება, მისი სული ამოდის სხეულიდან. არსებობს ორი ანგელოზი, რომლებიც თან ახლდებიან მის სულს და წაუძღვებიან ზეცის მოსაცდელი ადგილისაკენ. უფლის აღდგომამდე, ზესკნელ იყო ზეცის მოსაცდელი ადგილი. მაგრამ მისი აღდგომის შემდეგ ეს შეიცვალა. სულები რჩებიან სხვა მოსაცდელ ადგილას სამოთხის განაპირას. ის სულებიც ამ მოსაცდელ ადგილას გადავიდნენ, რომლებიც ძველი აღთქმის დროს იხსნენ.

ახალი აღთქმის დროს, როდესაც გადარჩენილი ადამიანები კვდებიან, მათი სულები, სხეულის დატოვების შემდეგ, ზესკნელში მიდიან. ისინი იქ სამი დღის განმავლობაში რჩებიან, რათა სულიერ სამყაროს

შეეგუებ და მიიღებ სულიერი სამყაროსთვის საჭირო ცოდნა და მომზადება. ამის შემდეგ ისინი სამოთხის განაპირა მოსაცდელ ადგილას მიდიან. ადამიანთა გაშენების პროცესი მაშინ დასრულდება, როდესაც უფალი მეორედ მოვა. ამის შემდეგ არის ათას წლიანი სამეფო, და როდესაც ესეც დასრულდება, მაშინ მოხდება დიდი თეთრი ტახტის განაჩენი. განაჩენის მეშვეობით, ღმერთი თითოეულ ადამიანს მისცემს საცხოვრებელ ადგილს და ჯიდლოებს მათი ქმედებების და მიხედვით.

მათთვის ვინც იხსნენ, როგორი შესახედაობა ექნება მათ სულიერ ფორმას? თუ ჩვენ ვიცით სულიერი სამყაროს შესახებ, უფრო ადვილად გავიგებთ აღდგომის შესახებ. თუ ადამიანი ბავშვობაში კვდება, მის სულიერ ფორმასაც ბავშვის შესახედაობა აქვს. როდესაც ახალგაზრდობაში კვდება, მაშინ მის სულსაც ახალგაზრდული შესახედაობის ფორმა ექნება და ასე შემდეგ. მაგრამ სულიერ ფორმას არ აქვს წვერები, ნაიარევები ან ნაოჭები. მაშინაც თუ კი ადამიანი ავადმყოფობის გამო კვდება, მისი სულიერი ფორმა მაინც ჯანმრთელი და ლამაზი იქნება. ხანში შესული ადამიანების სულიერი ფორმა იქნება მათი სიკვდილის დროს ფიზიკური სხეულის მსგავსი. თუმცა, ისინი სუსტად კი არ გამოიყურებიან, არამედ მათ აქვთ ჯანსაღი და ენერგიული სხეულის შესახედაობა.

ყველას აქვია თეთრი მანტია და თვით სულიერი ფორმები გამოჰყოფენ ნათელს. სინათლის ძალა განსხვავდება თითოეულ ადამიანზე. რაც უფრო მეტ სიწმინდეს მიაღწია ადამიანმა, მით უფრო კაშკაშა და ლამაზი იქნება მისი სინათლე. სინათლის კაშკაშის თანახმად, განსხვავებული იქნება თითოეულ ადამიანზე გადაცემული ზეციური საცხოვრებელი ადგილი და დიდება. ქალებისთვის, მათი თმების სიგრძე განსხვავებული იქნება მათი სიწმინდის ზომის თანახმად. 1 კორინთელთა 11:15-ში წერია, „ხოლო თუ ქალი უშვებს დიდებაა მისთვის, რადგანაც თმა

საბურავად მიეცა."

იმ ქალებისთვის, რომლებიც სამოთხეში, პირველ სამეფოში, ან მეორე სამეფოში წავლენ, მათ თმები მხრებამდე ექნებათ. მათ, რომლებიც ზეცის მესამე სამეფოში შევლენ, თმები ზურგის შუა ნაწილამდე ექნებათ და რომლებიც ახალ იერუსალიმში შევლენ, მათ წელამდე ექნებათ თმის სიგრძე. მაგრამ კაცებისთვის, მათი თმის სიგრძე ერთი და იგივეა, რომელიც კეფამდე მოდის. ზეცაში თმები ქალებისთვისაც და კაცებისთვისაც ტალღოვანი და ქერაა.

სულიერი ფორმა ზეცის მოსაცდელ ადგილას ჯერ არ არის დასრულდებული და სრულყოფილი. ისინი ჯერ კიდევ უფლის მეორედ მოსვლას ელოდებიან. მათ აღმსდგარი სხეული მხოლოდ მაშინ შეუძლიათ ჰქონდეთ, როდესაც უფლის მეორედ მოსვლა იქნება.

აღმდგარი სხეული

როდესაც უფალი დააბრუნდება, ის სულები, რომლებიც ზეცის მოსაცდელ ადგილას იმყოფებიან, გაერთიანდებიან თავიანთ ფიზიკურ სხეულებში, რომლებიც საფლავებიდან აღსდგა. ამიტომ წერია ბიბლიაში, რომ ის ადამიანები, რომლებიც მორწმუნეებად გარდაიცვალნენ, არა მკვდრები, არამედ მძინარეები არიან. მათი სხეულები, რომლებიც მკვდარია და დაკრძალული, აღსდგება და ავლენ ჰაერში და შეუერთდებიან თავიანთ სულებს. ჩვენ ამ გაერთიანებულ სხეულს ვუწოდებთ „აღმსდგარ სხეულს".

თუ კი სხეული მტვრად გადაიქცევა ან დაიწვება, მაშინ როგორ აღსდგება და როგორ შეუერთდება სულს? მიუხედავად იმისა, რომ უხილავია ჩვენი თვალებისთვის, ელემენტები, რომლებითაც სხეული შედგება ჯერ კიდევ არსებობს დედამიწაზე. უფლის

მოსვლის დროს, ეს ელემენტები ერთად შეიკრიბებიან და ღმერთის ძალით აღსდგებიან. ეს სხეული შეხვდება სულს და გახდება სულის, სამშვინველის და სხეულის მთლიანი სხეული.

ისინი, რომლებიც უფალს ცოცხლად მიიღებენ, ასევე შეიცვლებიან სულიერ სხეულებად და ჰაერში ავლენ. ამას ჰქვია „ატაცება.“ ამის შედარება შეიძლება გიგანტურ მაგნიტთან, რომელიც რკინის მტვერს ჰაერში წევს.

1 თესალონიკელთა 4:16-ში წერია, „ვინაიდან თვით უფალი, მბრძანებლური სიტყვით, მთავარანგელოზის ხმობითა და ღვთის საყვირის ხმით, გადმოვა ზეცით, და პირველნი აღდებიან ქრისტეში განსვენებულნი. შემდეგ კი ჩვენც, ცოცხლად შთენილთაც, ავიტაცებენ ღრუბლებს ზემოთ, რათა ჰაერში შევეგებოთ უფალს და, ამრიგად, სამუდამოდ უფალთან ერთად ვიქნებით.“

1 კორინთელთა 15:51-53-ში წერია, „აჰა, ბეტყვით გიქვენ საიდუმლოს: ყველანი როდი მოვკვდებით, მაგრამ ყველანი შევიცვლებით, - ერთ წამში, თვალის დახამხამებაში, როცა ახმიანდება უკანასკნელი საყვირი; რადგანაც ახმიანდება და მკვდრები აღდგებიან უხრწნელნი, ხოლო ჩვენ შევიცვლებით. რადგანაც ამ ხრწნადმა უნდა შეიმოსოს უხრწნელობა და ამ მოკვდავმა უნდა შეიმოსოს უკვდავება.“

ეს გადარჩენილი სულები უფალს ცაში შეხვდებიან და შვიდი წლის განმავლობაში შვიდ წლიანი საქორწინო ზეიმი ექნებათ. აქ „ჰაერი“ გულისხმობს განსაკუთრებულ სივრცეს, რომელიც იქნება მეორე ზეცაში, ედემის ერთ მხარეს. ედემი არის დიდი სივრცე, რომელშიც მდებარეობს ედემის ბაღი. შვიდ წლიანი საქორწინო ზეიმი არის დრო გადარჩენილი სულებისათვის, რათა ისიამოვნონ. ასევე არის

ღმერთისთვის დიდების მიცემის დრო.

როდესაც ისინი აღმდგარ სხეულებად გარდაიქმნებიან, მათ შეეძლებათ დაინახოთ კურთხევის დონე, რომელსაც უფლის გულის განვითარებაში მიაღწიეს. მათ შვიდ წლიანი საქორწინო ზეიმი ექნებათ აღმსდგარ სხეულებში და შემდეგ დედამიწაზე დაბრუნდებიან, რომ ათასი წელი აქ გაატარონ.

მაშინ რით განსხვავდება აღმსდგარი სხეული სულიერი ფორმისაგან? აღმსდგარი სხეული და სულიერი ფორმა, თითოეული მათგანი სულიერ სივრცეს მეტად განსხვავებული გზით გრძნობენ. მხოლოდ სულიერი ფორმა ვერ იქნება სრულყოფილი სხეული სულიერ სივრცეში. ჩვენ შეგვიძლია ვთქვათ, რომ ადამიანს აქვს ძირითადი ფორმა, რომ სულიერ სივრცეში იცხოვროს, როდესაც აღმსდგარი სხეული აქვს. სულიერ ფორმას აქვს შესახედაობა, რომელიც ადამიანს სიკვდილის დროს ჰქონდა, მაგრამ აღმსდგარი სხეული ყველასთვის 33 წლის ასაკის ადამიანივით იქნება.

იესომ თავისი მიწიერი ცხოვრება 33 წლის ასაკში დაასრულა. 33 წლის ასაკი არის ადამიანის სიცოცხლის მაქსიმუმი, ზუსტად როგორც მზე ყველაზე კაშკაშაა შუადღისას. ისინი საკმარისად ჩამოყალიბებული იქნებიან და ენერგიითა და ძალით სავსენი. მათ ექნებათ ჩამოყალიბებული სილამაზე როდესაც 20 წელს გადაცილდებიან.

ამ მიზეზის გამო ღმერთმა თავის შვილებს მისცა სულიერი სხეული 33 წლის ასაკის შეხედულებით. კაცების სიმაღლე დაახლოებით 190 სანტიმეტრი იქნება და ქალების კი 170 სანტიმეტრამდე. არავინ იქნება არც ძალიან მსუქანი და არც ძალიან გამხდარი; ყველას ლამაზი შეხედულება ექნება.

აღმსდგარი სხეული ხელშესახებია. ფიზიკურად ხელებით შეხება შესაძლებელია, რადგან ეს არის სამშვინველი და სული გაერთიანებული აღმდგარ ფიზიკურ სხეულთან. იესო ქრისტე არის ის, რომელმაც გვანახა ეს აღმდგარი სხეული. აღმდგარი უფალი მივიდა თავის მოწაფეებთან და უთხრა მათ, „შეხედეთ ჩემს ხელებსა და ჩემს ფეხებს: ეს მე ვარ თვითონ; შემეხეთ და დარწმუნდებით, რადგან სულს არც ხორცი აქვს და არც ძვლები, მე კი როგორც ხედავთ, მაქვს“ (ლუკა 24:39). როგორც მან სთქვა, აღმდგარ სხეულს აქვს ხორცი და ძვლები.

აღმდგარი სხეული ასევე სამარადისო სხეულია, რომელიც არ არის შეზღუდული დედამიწის ფიზიკური შეზღუდვებით. აღმდგარი უფალი წარსდგა მოწაფეების წინ როგორც იოანე 20:19, 26-ში წერია. იოანე 20:22 ამბობს, რომ იესომ „შეუბერა მათ“. აღმდგარ სხეულს შეუძლია სუნთქვა და ჭამა და სმა. მოხმარებული საკვები გაუქმდება და სუნთქვასთან ერთად გამოვა სხეულიდან.

ლუკა 24:41-43-ში წერია, „მაგრამ რაკი სიხარულისაგან ვერ დაეჯერებინათ და განცვიფრებულნი იყვნენ, უთხრა მათ: საჭმელი თუ გაქვთ აქ? და მისცეს მას შემწვარი თევზის ნაჭერი და ფიჭის თაფლი. მანაც აიღო და შეჭამა მათ თვალწინ.“ უფალმა თავისი მოწაფეების წინ შეჭამა, რათა მიეცა მათთვის აღდგომის რწმენა და შეეტყობინებინა აღმდგარი სხეულის შესახებ. ასევე ის იმისათვის გააკეთა მან, რათა ენახებინა მათთვის, რომ სულიერ სხეულსაც შეუძლია საკვების მიღება. მარიამ მაგდალინელმა და მოწაფეებმა თავიდან აღმდგარი იესო ვერ იცნეს. ეს იყო სინათლის გამო, რომელიც ამოდიოდა აღმდგარი სხეულიდან. აღმდგარ სხეულს არ აქვს ნაიარევები, მაგრამ რადგან თომას ეჭვი შეეპარა, იესომ თავისი ხელები აჩვენა მას. იესომ

თომას აჩვენა ნაიარევები, მაგრამ მხოლოდ ცოტა ხნით, რათა მისი რწმენა დაებრუნებინა.

სრულყოფილი ზეციური სხეული

ახსნილია, რომ ის ადამიანები, რომლებსაც აღმდგარი სხეულები ექნებათ, ჰაერში ავლენ შვიდ წლიანი საქორწინო ზეიმისათვის. ამის შემდეგ, იმავე სხეულში, ისინი დედამიწაზე დაბრუნდებიან ათასწლიანი სამეფოს დროს. და როდესაც ეს დასრულდება, ისინი მიიღებენ თავიანთ შესაბამის ზეციურ საცხოვრებელ ადგილებს. როდესაც ეს მოხდება, ისინი შეიცვლებიან სრულყოფილ ზეციურ სხეულად, რომელიც შეიძლება ჩაითვალოს როგორც სულიერი სხეული უფრო მაღალ დონეზე ვიდრე აღმდგარი სხეული. მაშინ რატომ მოგვცა ღმერთმა შუალედური ეტაპი? რატომ ვიღებთ აღმდგარ სხეულს და არა სრულყოფილ ზეციურ სხეულს თავიდანვე?

ეს ძირითადად იმიტომ არის ასე, რომ ზეციურ სამეფოს, რომელიც მესამე ზეცაში მდებარეობს და შვიდწლიანი საქორწინო ზეიმის ადგილს შორის დიდი განსხვავებები იქნება. ამ მიზეზის გამო, ღმერთი გვაძლევს სხეულს, რომელიც თითოეული სივრცისათვის ყველაზე შესაფერისია. სულიერი ფორმის, აღმდგარი სხეულის და სრულყოფილი ზეციური სხეულის მთავარი ფაქტორი არის ის, რომ თითოეული მათგანი განსხვავებულ სივამშვამეს გამოსცემს იმის და მიხედვით, თუ რამდენად მიაღწიეს მათ სიწმინდეს. გარდა განსხვავებული სივამშამისა, სრულყოფილი ზეციური სხეული ასევე აჩვენებს იმას, თუ რა ჯილდო და როგორი დიდება მიიღო თითოეულმა ადამიანმა ღმერთისგან. ეს არის ყველაზე დიდი განსხვავება აღმდგარ სხეულსა და სრულყოფილ ზეციურ სხეულს შორის.

როდესაც ადამიანთა გაშენება დასრულდება, თითოეული ადამიანის კურთხევის დონე დამთავრდება და ჯილდოების რაოდენობა ამის მიხედვით იქნება გადაცემული. ამგვარად, ადამიანს შეუძლია გაარჩიოს განსხვავებები ჯილდოებსა და დიდებაში თითოეული ადამიანის სულიერი სინათლის დანახვით. მაგრამ რა თქმა უნდა ყველაფერი გამომჟღავნებული იქნება მხოლოდ დიდი თეთრი ტახტის განაჩენის შემდეგ. ადამიანს მხოლოდ მას შემდეგ ექნება სრულყოფილი ზეციური სხეული, როდესაც ღმერთი ოფიციალურად აღიარებს და გამოაცხადებს მის დიდებასა და ჯილდოებს.

დიდების სინათლე

სულიერი ფორმის ჩრდილოეთის ციალის მსგავსი სინათლის სიკაშკაშე განსხვავდება იმის და მიხედვით, თუ რა დონის სიწმინდეს აღწევს ადამიანი დედამიწაზე. ამ მიზეზის გამო ამ სიკაშკაშეს ეწოდება „დიდების სინათლე". რაც უფრო მეტ სიწმინდეს მიაღწევს ადამიანი და რაც უფრო მეტად დაემსგავსება უფალს, მით უფრო კაშკაშა და ნათელი იქნება ეს სინათლე. ჩვენ ასევე შეგვეძლება ადამიანის წოდების გამოცნობა მხოლოდ მათი ნათების სიკაშკაშის დანახვით. კერძოდ, მათ, ვინც ზეცის მეორე და მესამე საქვეყნომში ცხოვრობენ, განსხვავებული გარეგნობა ექნებათ. ეს იმიტომ რომ დიდების სინათლე, მათი ტანისამოსი, ტანისამოსის თარგი და დეკორაციები და მათი თმის სტილი განსხვავებული იქნება.

აპოკალიფსი 19:8-ში წერია, „და მიეცა მას შესამოსად წმიდა და ნათელი ბისონი, რადგანაც წმიდათა სიმართლეა იგი." როგორც ნათქვამია, ზეცაში ქალებსაც და კაცებსაც კაშკაშა თეთრი ნაზი ტანისამოსი აცვიათ.

ტანისამოსი აბრეშუმივით ნაზია. იქ არ არსებობს მტვერი და ადამიანები არ გამოჰყოფენ ოფლს,

ამიტომ მათი ტანსაცმელი არასოდეს ბინძურდება. უამრავი მოსართავი არსებობს და სხვადასხვა თარგები, რომლებიც ტანსაცმელებს საუცხოოსა და ლამაზს ხდის. გარდა ამისა, ტანსაცმელი ანათებს ცისარტყელის ფერის და სხვადასხვა ფერების შუქებს.

იქ არსებობს ტანისამოსი ყოველდღიური გამოყენებისათვის, წვეულების კაბები, თაყვანისცემის ცერემონიებისთვის, სპორტული ტანსაცმელი და სხვადასხვა თამაშებისთვის განკუთვნილი ტანსაცმელიც კი. მათ შეუძლიათ შესაფერისი ტანსაცმელი ჰქონდეთ თითოეული შემთხვევისათვის. ზეცაში, ადამიანები იღებენ ჯილდოებს მათი დედამიწაზე განხორციელებული ქმედებების თანახმად. ამიტომ, თითოეული მათგანი იღებს სხვადასხვა სახის და რაოდენობის ტანისამოსს. ზოგ მათგანს აქვს რამდენიმე, როდესაც სხვებს უთვალავი ტანისამოსი აქვთ. რა თქმა უნდა, დიდების ამოცნობა მხოლოდ ტანისამოსით არ ხდება. ჩვენ ასევე შეგვიძლია თითოეული ადამიანის დიდება და ჯილდოები ვიცნოთ მათი ბვირგვინებისა და სხვა დეკორაციების საშუალებით.

მაგრამ ზეცის ყველაზე დაბალ საცხოვრებელ ადგილას ტანისამოსიც კი უფრო საუცხოო, ლამაზი და მკვეთრი იქნება, ვიდრე დედამიწის ნებისმიერი ტანისამოსი. თვით სრულყოფილი ზეციური სხეული იმდენად ლამაზია, რომ მას არ დასჭირდება არავითარი დამატებითი დეკორაცია ან მორთვა, მაგრამ ღმერთი გადააცმევს ადამიანს ტანისამოსს, ბვირგვინებს და სხვა ნივთებს მისი ქმედებების თანახმად.

2. სულის საკუთრებაში მყოფი სამშვინველი და სხეული

ღმერთს გადარჩენილი შვილები იცხოვრებენ ზეცაში სრულყოფილი ზეციური სხეულით დიდი თეთრი ტახტის განაჩენის შემდეგ. სრულყოფილ ზეციურ სხეულს აქვს სამშვინველი, რომელიც სულს ემორჩილება და სულიერი სხეული, რომელიც არ გამოიმუშავებს არავითარ სხეულის ნარჩენს.

რატომ არის მნიშვნელოვანი სულის, სამშვინველის, და სხეულის შესახებ ვიცოდეთ? ეს იმიტომ, რომ ჩვენ უნდა დავიბრუნოთ სული, სამშვინველი და სხეული, რომლებიც ადამის ცოდვის გამო შეიცვალნენ. ეს ასევე არის მიზეზი იმისა, თუ რატომ აშენებს ღმერთი ვაცობრიობას დედამიწაზე. როდესაც იესო ქრისტეს და სული წმინდას მივიღებთ, ჩვენი მკვდარი სული აღდგება და შემდეგ უნდა დავიბრუნოთ სული. იმის გათვალისწინებით, რომ სულს დავიბრუნებთ, ჩვენ გვექნება სამშვინველი და სხეული, რომლებიც სულს დაემორჩილებიან. ამის შემდეგ შეგვიძლია ვიყოთ ადამიანები, რომლებიც ეკუთვნიან სულს.

როდესაც ადამიანს აქვს სამშვინველი და სხეული, რომელიც სულს ეკუთვნის, ნათქვამია, რომ ეს არის მდგომარეობა, როდესაც „კეთილად ვალს შენი სული“. 3 იოანე 1:2-ში წერია, „საყვარელო, ვლოცულობ, რომ კეთილად გევლოს და ჯანგად იყო, როგორც კეთილად ვალს შენი სული.“

როდესაც ადამიანის სული კეთილად ვალს, მას შეუძლია განდევნოს ხორცის კუთვნილი ფიქრები. თუ ვი მათ სურთ, რომ გარკვეულ რამეზე ფიქრი შეწყვიტონ, ამის გაკეთება უშუალოდ იქნება შესაძლებელი. ადამიანს შეუძლია შეწყვიტოს გარკვეული რადაცეების ყნოსვა და სმენა. რადგან აზრების და გრძნობების გაკონტროლება შესაძლებელია ნება-სურვილით,

ყოველთვის არსებობს სიხარულის სისავსე და მადლიერება (რომაელთა 8:6). ასეთი ადამიანი არის ჯანმრთელი და ყველაფერი კარგად იქნება მის ცხოვრებაში. მას ავადმყოფობა არ შეეყრება, რადგან თავისი სხეულის გაკონტროლებაც კი შეუძლია. მაშინაც კი, თუ იგი ავად გახდება თავისი შეცდომის გამო, რწმენით ამას დაუყოვნებლივ დააძლევს.

სულის საკუთრებაში მყოფი სამშვინველი

ადამი, პირველი ადამიანი რომელიც ღმერთმა შექმნა, იყო ცოცხალი სული და მას ჰქონდა სული, სამშვინველი და სხეული, რომლებიც ეკუთვნოდნენ სულს. მისი სული იყო მისი მფლობელი. იგი ჭეშმარიტებაში აკონტროლებდა სხეულს და სამშვინველს. მაგრამ მას შემდეგ რაც ცოდვა ჩაიდინა და მისი სული მოკვდა, სული, სამშვინველი და სხეული გადავიდნენ ხორცის საკუთრებაში. როდესაც ადამიანი ცოცხალი სული იყო, მას მხოლოდ ჭეშმარიტება მიეწოდებოდა ღმერთისგან, და ამგვარად მას ჰქონდა მხოლოდ სულის კუთვნილი სამშვინველის ქმედებები. მაგრამ სატანამ დაიწყო ადამიანის სამშვინველის გაკონტროლება მას შემდეგ, რაც მისი სული მოკვდა. მკვდარი სულით ადამიანს აღარ შეეძლო სულის კუთვნილი სამშვინველის ქმედებები ჰქონოდა.

თუმცა, მას შემდეგ რაც ადამიანი იესო ქრისტეს მიიღებს, მას შეუძლია დაიბრუნოს სულის კუთვნილი სამშვინველის ქმედებები. მისი მცდარი ცოდნა და თეორიები და მისი აზრები, რომლებიც ღმერთის თვალში არ არის სასიამოვნო, შეიცვლება ჭეშმარიტებაში. როგორც 2 კორინთელთა 10:5-ში წერია, „მისი წყალობით ვამხობთ ყოველგვარ ზრახვას და, ქედმაღლობას, ღვთის შემეცნების წინააღმდეგ აღძრულს, და მისითვე ვატყვევებთ ყოველგვარ აზრსაც, რათა დაემორჩილოს ქრისტეს.“

ადამიანები იმდენად ილებენ სატანის სამუშაოებს ბუნებრივად, რამდენადაც მათი სამშვინველი ხორცს ეკუთვნის. მაშინაც კი, თუ შეეცდებიან ჰკონდეთ სულის კუთვნილი სამშვინველის ქმედებები, ამის გაკეთება როგორც მათ სურთ შეუძლებელია. ამიტომ, მათ უნდა ეცადონ შეცვალონ არაჰეშმარიტების ქმედებები ჰეშმარიტების ქმედებებად. როდესაც განუწყვეტლივ ილოცებენ, მათ შეეძლებათ მიიღონ სულის კუთვნილი სამშვინველის ქმედებები ღმერთის დიდებითა და ძალით და სული წმინდის დახმარებით.

სამშვინველი, რომელიც სულს ეკუთვნის, ემორჩილება სულს, რადგან სული, რომელიც ადამიანის თავდაპირველი მეპატრონეა, თავის როლს ასრულებს. შემდეგ, ამ ადამიანს მხოლოდ სიკეთის, სიყვარულის და ჰეშმარიტების აზრები ექნება, რადგან მხოლოდ სულის კუთვნილი სამშვინველის ქმედებები აქვს. მაგალითად, მაშინაც კი, თუ სხვები უხეშად ექცევიან მას ან სიბოროტით ეპყრობიან, ადამიანს, რომელსაც სულის კუთვნილი სამშვინველის ქმედებები აქვს, ამის გამო გული არ ეტკინება. მას სურს სიმშვიდე და უგებს სხვებს მათთან ყოველგვარი დაპირისპირების გარეშე. იმის ნაცვლად, რომ გაღიზიანებული იყოს სხვების მიმართ, იგი სიმპათიით არის განწყობილი, რადგან მათ ბოროტება აქვთ სულებში.

რა თქმა უნდა, ასეთ ადამიანებსაც აქვთ არაჰეშმარიტება, რომელიც შეტანილი იყო მათ მეხსიერებაში. მაგრამ, მიუხედავად იმისა, რომ მეხსიერება იქ არის, სატანას არ შეუძლია მათი ამუშავება, როდესაც არაჰეშმარიტება გულიდან არის განდევნილი. რასაკვირველია, მათ აქვთ სულის კუთვნილი სამშვინველის ქმედებები. ისინი მიჰყვებიან სული წმინდის წინამძღოლობას, რათა არ დაინახონ ისეთი რადაცეები, რაც არ უნდა დაინახონ. ისინი არ ჭორაობენ სხვებზე და არ სჯიან მათ და ცხოვრობენ

ჭეშმარიტების თანახმად.

მათ შეძულდებათ არაჭეშმარიტების დანახვა, გაგონება ან მის შესახებ საუბარი. ეს იმას ნიშნავს, რომ მათი გულის ჭურჭელი ჭეშმარიტებით არის სავსე. რადგან არაჭეშმარიტება მთლიანად ამოიძირკვა მათი გულებიდან, ფიქრებიდანაც განიდევნება. ამ გზით, თუ ჩვენს გულებს მხოლოდ ჭეშმარიტებით ავავსებთ, მხოლოდ ის სამშვინველი გვეჯნება, რომელიც ჭეშმარიტებას ეგუთვნის.

სამშვინველმა იცის ყველაფერი, მაგრამ მხოლოდ ჭეშმარიტებას ფიქრობს

როდესაც ზეცაში ავალთ, არა მხოლოდ ჩვენი სული ადის ზეცაში. ჩვენი სამშვინველიც დაიმკვიდრებს ადგილს სულიერ ფორმაში. ეს არის სამშვინველი, რომელიც ეგუთვნის სულს, სახელდობრ ჭეშმარიტებას. მხოლოდ ჩვენი სამშვინველის ნაწილი, რომლიდანაც არაჭეშმარიტება განიდევნა და განვითარდა როგორც ჭეშმარიტება, შეუერთდება სულს. იმას ნიშნავს ეს, რომ ჩვენ არაფერი გვეცოდინება არაჭეშმარიტების შესახებ როდესაც ზეცაში ავალთ? არა, ეს არ არის მართალი. ჩვენ არაჭეშმარიტების შესახებ უფრო დეტალურად გვეცოდინება, ვიდრე ახლა ვიცით.

1 კორინთელთა 13:12-ში წერია, „რადგანაც ახლა ბუნდოვნად ვხედავთ, როგორც სარკეში, მაშინ კი პირისპირ ვიხილავთ; ახლა ნაწილობრივ ვიცი, ხოლო მაშინ შევიცნობ, როგორც თავად შევიმეცნები." დაახლოებით 2000 წლის წინათ სარკეებად იყენებდნენ ვერცხლის, ბრინჯაოს ან ფოლადის გაპრიალებულ ფირფიტებს და თანამედროვე სარკეებთან შედარებით ბუნდოვანი იყო. მათ შეეძლოთ ზოგადი ფიგურების დანახვა, მაგრამ სარკეში ყველაფერი მკაფიოდ არ ჩანდა. მაგრამ დღევანდელი სარკეები მეტად მკაფიოა. იგივეა ზეცაშიც. ჩვენ ყველაფერი ნათლად და ზუსტად

გვეცოდინება, ისეთი რაღაცეებიც კი, რაც დედამიწაზე
არ ვიცოდით.

სანამ სულის კუთვნილი სამშვინველი გვაქვს,
მიუხედავად იმისა, რომ ისეთ რამეზე ვფიქრობთ,
რამაც დედამიწაზე სირცხვილი მოგვიტანა, ჩვენ არ
გვექნება არაჭეშმარიტების ფიქრები. ჩვენ მხოლოდ
სულის და ჭეშმარიტების ფიქრები გვექნება.

ერთმანეთის გულის გაგება სულში

ზეცაში შესაძლებელია სხვა ადამიანების გულის
შეგრძნება და სწორად გარჩევა, და ჩვენ შეგვეძლება
სხვებს გავუგოთ და მათი გრძნობები გავიზიაროთ.
მათ გულში არ აქვთ არანაირი ბოროტება და ამიტომ
არ არსებობს გაუგებრობები და ერთმანეთის
განსხჯა. განსაკუთრებით ახალ იერუსალიმში, ისინი
ერთმანეთის გულებს უგებენ მთლიანად სულში.
თითოეული სიტყვა, რომელსაც ისინი ამბობენ, შეიცავს
ყურადღებას, სიყვარულს და მომსახურებას. მათ ისე
ესმით მამა ღმერთის და უფლის გული, როგორც სხვა
ადამიანების, ამიტომ ისინი გაიგებენ, თუ რა სახის
გონება და გრძნობები ჰქონდა ღმერთს დედამიწაზე
ადამიანთა გაშენების პროცესის დროს; ისინი ასევე
გაიგებენ უფლის გრძნობების შესახებ, რომლებსაც იგი
ჯვარცმის დროს განიცდიდა.

ერთხელ შთაგონებით ღმერთმა საშუალება
მომცა მოსეს გული შემეგრძნო. მე შევხვდი ნათელში
მდგომ მოსეს და იგი სიკეთის სურნელებით იყო
სავსე. როდესაც ჩემი ხელები დაიჭირა, ღმერთის
სიყვარული გადმომექცა. როდესაც პირი გააღო საუბრის
დაწყებისას, ის გამბედაობა და კეთილშობილება
ჰქონდა, როდესაც ღმერთის სიტყვას ქადაგებდა
ისრაელის შვილებისათვის.

მოსემ შემატყობინა თავისი ბავშვობის შესახებ

ეგვიპტის სასახლეში. მან შემატყობინა, თუ როგორ გაიგო ყოვლისშემძლე ღმერთის შესახებ და რომ იგი ებრაელი იყო ძიძის მხრიდან, რომელიც სინამდვილეში მისი დედა იყო. მან მითხრა იმ შემთხვევის შესახებ, როდესაც ისრაელის შვილები თაყვანსცემდნენ კერპებს და როგორი გრძნობები და ემოციები ჰქონდა, როდესაც გამოსვლის ხელმძღვანელი იყო. მოსეს გაახსენდა ეს მომენტები და ცრემლები წამოუვიდა.

როდესაც ვინმე ცრემლებს ღვრის იმის მომგონე, თუ რა გადახდა დედამიწაზე, ეს ცრემლები შეიცვლება ლამაზ შუქებად. ისინი, რომლებიც იმას უსმენენ რაც ნათქვამია, ასევე იგრძნობენ სიკეთესა და სიყვარულს სულებისათვის.

კიდევ ერთხელ მადლიერნი იქნებიან ღმერთის სიყვარულით, რომელმაც მათ ზეცაში ბედნიერება მისცა. მათ ღმერთი მთელი გულით, გონებით და სულით უყვართ და მათი სიყვარული და მადლიერება არასოდეს შეიცვლება. ისინი ღრმად იგებენ ღმერთის ნებას, რომელიც არის ის, რომ მას სურს ჭეშმარიტი შვილების მიღება, რათა სიყვარული გაუზიაროს მათ, მიუხედავად იმისა, რომ ამდენი მტკივნეული რამ უნდა გაიაროს ადამიანთა გამჩენების პროცესისას. ამიტომ იქნებაიწ ისინი ყოველთვის მადლიერნი.

სულის საკუთრებაში მყოფი ხსეული

როგორც ცოცხალი სული, ადამი არ იყო სრულყოფილი, სული, რომელმაც არ იცის ხორცის შესახებ არ არის სრულყოფილი. ანალოგიურად, ხორცს, რომელმაც არ იცის სული, არ აქვს მნიშვნელობა. ისინი, რომლებიც არ მიიღებენ იესო ქრისტეს პირად მხსნელად, არიან ხორცის ადამიანები. მათ ვერ ეცოდინებათ ღმერთის სამეფოს და სულიერი სამყაროს შესახებ. საბოლოოდ ჯოჯოხეთის ცეცხლში

დაიტანჯებიან. რა იქნება მათი ფასი? მხოლოდ იმ ადამიანებს აქვთ ადამიანების ფასი, რომლებმაც იციან ხორციელი და სულიერი სამყაროების შესახებ და დევნიან ხორცს და შედიან სულში.

იმის გათვალისწინებით, რომ სიწმინდეს ვაშენებთ ვენს გულებში, ჩვენი ხორციც შეიცვლება იმაში, რომელიც ეკუთვნის სულს. ისინი, რომლებიც სუსტები და დააკვადებულები იყვნენ, იმდენად გამოჯანმრთელდებიან, რამდენადაც სულში შეიცვლებიან მიუხედავად იმისა, რომ ჯერ მთლიანად ნაკურთხნი არ არიან.

როდესაც სულში შევვალთ, ჩვენი სული მოეხვევა სამშვინვ.ელს და სხეულს, რათა ერთი არსებასავით იყვნენ ერთად. მიუხედავად იმისა, რომ ფიზიკურ სივრცეში ვცხოვრობთ, სამშვინვ.ელს და სხეულს ვაკონტროლებთ სულით, ამიტომ ერთი და იგივეა, თითქოს სულიერ სივრცეში ვცხოვრობდეთ. იმის გათვალისწინებით, რომ ჩვენ აღვიდგენთ ღმერთის გამოსახულებას, რომელიც დაკარგულ იქნა ადამის ცოდვის გამო, ჩვენ შევძლებთ ღმერთთან კავშირს და მივიღებთ კურთხევებს.

ასევე, როდესაც სულის ადამიანები გავხდებით, ჩვენი დაბერება შენელდება დ გარდა ამისა თუ ვი მთლიან სულში შევვალთ, გავახალგაზრდავდებით. მოსეს შემთხვევაში მისი თვალები არ იყო ამრღვეული და მისი ძალა არ დასუსტებულა სანამ 120 წლის ასაკში არ გარდაიცვალა. აბრაამს ეყოლა ისააკი მიუხედავად იმისა, რომ ძალზედ მოხუცი იყო შვილის ყოლისათვის. გარდა ამისა, ისააკის დაბადებიდან 40 წლის შემდეგ, მას ეყოლა ექვსი შვილი (დაბადება 25). ელიას და ენოქის შემთხვევაში, მათ განდევნეს ყოველგვარი ხორცი და სულის იმდენად ღრმა დონეში შევიდნენ, რომ ღმერთის მახასიათებლები ჰქონდათ.

ამ მიზეზის გამო ისინი აღარ იყვნენ სულიერი სამყაროს კანონის ქვეშ, რომელიც ამბობს რომ ცოდვის შედეგი სიკვდილია და ამიტომ მათ სიკვდილი არ შეჰხვედრიათ.

სხეული, რომელსაც არ სჭირდება საკვები

როდესაც ღმერთის შვილები ზეციურ სამეფოში შევლენ, საბოლოოდ სრულყოფილი ზეციური სხეულები ექნებათ. მათი სხეულები არ იქნება წარმავალი ან ხრწნადი და ისიამოვნებენ საუკუნო სიცოცხლით. მათე 26:29 ამბობს, „ხოლო მე გეუბნებით თქვენ: აღარა ვსვამ ამიერიდან ვაზის ამ ნაყოფისაგან, ვიდრე იმ დღემდე, როცა თქვენთან ერთად შევსვამ ახალს მამაჩემის სასუფეველში.“

აღმდგარი უფალი მხოლოდ გადარჩენილ მორწმუნეებთან ერთად შეჭამს მას შემდეგ, რაც ადამიანთა გაშენება დასრულდება. ზუსტად როგორც აღმდგარი უფალი, როდესაც სულიერი სხეული ბვექნება, არ მოგვიწევს ჭამა იმისათვის, რომ ვიცოცხლოთ.

მაგრამ ზეცის საკვების სურნელებას და ელემენტებს აქვთ კარგი შედეგები სულიერ ფორმაზე, ამიტომ მათ შეუძლიათ სურნელებაში ჭამა და სუნთქვა. როდესაც ადამიანებმა ძველი აღთქმის დროს ცხოველების შესაწირი შესწირეს, ღმერთმა იყნოსა გულის სურნელება, რომელიც იმ ადამიანებისგან მოდიოდა, რომლებიც შესაწირს აძლევდნენ. დღესაც კი, როდესაც თაყვანისცემის, დიდების და შესაწირის სერვისებს ვატარებთ, ღმერთი იღებს ჩვენი გულების სურნელებას.

დედამიწაზეც კი, ჩვენ უფრო ბედნიერად ვგრძნობთ თავს, როდესაც სხვადასხვა საკვებს ვიღებთ. ანალოგიურად, სულიერ სხეულებს სიამოვნებით სურნელებაში სუნთქვა. ზეცაში, არავინ იღლება

და გრძნობენ მსგავს ბედნიერებასა და კურთხევას
მიუხედავად იმისა, რომ ყოველთვის ერთი და იგივე
სურნელებაში სუნთქავენ. როდესაც ყვავილების და
ხილის სურნელებაში სუნთქავენ, სურნელება ცოტა
ხნის განმავლობაში სხეულში რჩება და შემდეგ
ჰაერში გამოდის. ადამიანების გულები უფრო მეტი
ბედნიერებით აივსება ამ პროცესის დროს.

არ არსებობს სხეულის ნარჩენები

სრულყოფილი ზეციური სხეული არის სხეული.
მას შეიძლება ასდიოდეს სუნი და ასევე შეუძლია
მიიღოს საკვები. შეუძლია სხვადასხვა ხილის მიღება
და სიცოცხლის წყლისგან დამზადებული სხვადასხვა
სასმელების დალევა. გარდა 12 ხილისა სიცოცხლის
ხიდან, ასევე არსებობს უამრავი ტიპის ხილი ზეცაში
და ჩვენ რამდენიც გვინდა იმდენი შეგვიძლია
მივირთვათ. ასევე იქ არსებობს უამრავი ტიპის
სასმელი.

ზეცაში შევჭამთ იმ საკვებს, რომელიც დედამიწაზე
მოგვწონდა? იქნება იქ ხორცი, ჰური და ნამცხვრები?
მოგვენატრება დედამიწის საკვები? როდესაც ზეცაში
ავალთ, აღარ მოგვინდება იმ საკვების მიღება,
რომელსაც დედამიწაზე ვილებდით. მაშინ როდესაც
ისეთი სხეული გვექნება, რომელიც შესაფერისია
მესამე ზეცის სივრცისათვის, ჩვენ შეგვეძლება
საშუდამოდ ვიცხოვროთ საკვების მიღების გარეშე.

რა თქმა უნდა, შეიძლება გარკვეული საკვები
გაგახსენდეს, რომელსაც დედამიწაზე მიირთმევდი
და მოგინდეს რაიმე მსგავსის ჭამა ზეცაში. მაგრამ
რადგან ზეცის ხილი და სასმელები უფრო გემრიელია,
შენ აღარ მოგინდება ფიზიკური საკვების მიღება.
როდესაც ზეცაში რაიმეს შევჭამთ, იგი დაიშლება

და სუნთქვისას გამოიყოფა. მიღებული საკვები ბუნებრივად გამოვა სუნთქვისას, სურნელება კი დარჩება წოტახნით და ბოლოს ჰაერში გაქრება. რა თქმა უნდა იქ არ იქნება საპირთვარეშოები, რომლებსაც შეიძლება ჰქონდეს არასასიამოვნო სუნი. ზეცაში ჩვენ გვექნება ეს სრულყოფილი ზეციური სხეული.

ეს ერთი და იგივეა ზეცის ყველა საცხოვრებელ ადგილას. მაგრამ თუ ვი უეფრო მეტი ხორცის კუთვნილი სამშვინველი გვექნება და ნაკლები სულის კუთვნილი სამშვინველი, სულიერი ფორმის ბრწყინვალება სუსტი იქნება. ჩვენ მხოლოდ მაშინ შევძლებთ ზეცის მესამე სამეფოში ან ახალ იერუსალიმში შესვლას, როდესაც ჩვენი სულის კუთვნილი სამშვინველი სრულიად ხორცის გარეშე იქნება.

ღმერთი იმას გვაქვებინებს რასაც დავთესთ და უკან გვიბრუნებს იმის და მიხედვით, თუ როგორ ვიმოქმედეთ მის სიყვარულსა და სამართლიანობაში. ზეციური საცხოვრებელი ადგილი და ზეციური თანრიგი გადაწყდება ჩვენი სულიერი სინათლის სიკაშკაშის მიხედვით და ამიტომ, მხურვალე ლოცვებით უნდა ვეცადოთ გავხდეთ ადამიანები, რომლებსაც აქვთ სულის კუთვნილი სული, სამშვინველი და სხეული.

3. ღმერთის საჩუქარი

ღმერთს მომზადებული აქვს საჩუქარი გადარჩენილი შვილებისათვის და ეს არის ზეციურ სამეფოში სამარადისო სიცოცხლე. ჩვენ მივიღებთ სხვადასხვა საცხოვრებელ ადგილებს იმის და მიხედვით, თუ როგორ გავიარეთ ადამიანთა გაშენება დედამიწაზე, რათა გავმხდარიყავით ის ადამიანი, რომელიც ღმერთის გულს ეჭებს.

ღმერთის გრანდიოზული ბეგმა მორწმუნეების მომჭისა, რომლებიც არიან „ხორბალი". იგი ეჭებს იმ ადამიანებს, რომლებსაც სწამთ ღმერთის ძალისა და ღვთაებრივი ბუნების, რომელსაც ბუნების ყველაფერში ჯხედავთ და იმ ადამიანებს, რომლებიც ღმერთის სიტყვით ცხოვრობენ. ისინი არიან სულები, რომლებიც კრისტალივით წმინდა და ლამაზები არიან. ბიბლია გვეუბნება დასასრულის შესახებ. ისინი, ვინც სულიერად ფხიზელნი არიან იგრძნობენ, რომ ადამიანთა გაშენების დასასრული ძალიან ახლოს არის.

ადამის დაცემის შემდეგ, კაცობრიობა გაიზარდა და განავითარა ცივილიზაციები. ასევე მათ გამოცადეს ცხოვრება, დაბერება, ავადმყოფობა და სიკვდილი. ადამიანთა გაშენების დასრულების შემდეგ, ღმერთი მიიწვევს ყველა წმინდანს „ჰაერში", რომელიც მდებარეობს მეორე ზეცაში. იგი ჩააჭარებს „შესჯლის" საჯორწინო ზეიმს და მოგვცემს საშუალებს სიკვარული გავუზიაროთ უფალს შვიდი წლის განმავლობაში.

აპოკალიფსი 19:7-9 შემდეგნაირად არჭერს:

„გვიხაროდეს და ვილხენდეთ, და დიდება მივაგოთ მას, ვინაიდან მოვიდა ქრავის ქორწილი და მისმა სასძლომ განიმზადა თავი. და მიეცა მას შესამოსად წმიდა და ნათელი ბისონი, რადგანაც წმიდათა

სიმართლეა იგი. და მითხრა მე: დაწერე: ნეტარნი
არიან კრავის საქორწინო სერობაზე წვეულნი. და
მითხრა: ესენი არიან ჭეშმარიტი სიტყვები ღვთისა".

ღმერთის სიყვარული აქ არ მთავრდება. საქორწინო
ზეიმის შემდეგ, ღმერთი უფლებას მოგვცემს
დედამიწაზე ჩავიდეთ უფალთან ერთად და მასთან
ერთად ვიმეფოდ ათასი წლის განმავლობაში. იგი
განაახლებს პირველ ზეცას, რომელიც ადამიანთა
გამჩენების ადგილი იყო და გადარჩენილი
მორწმუნეები თავიანთ სიყვარულს გააზიარებენ
უფალთან.
აპოკალიფსი 20:6 ამბობს, „ნეტარი და წმიდაა
ყველა, ვისაც წილი უდევს პირველ აღდგომაში. მეორე
სიკვდილის ხელმწიფება არ ვრცელდება მათზე,
არამედ იქნებიან მღვდლები ღვთისა და ქრისტესი,
ვისთან ერთადაც იმეფებენ ათას წელიწადს."
ღმერთი გამოამჟღავნებს საჩუქრებსა და
ჯილდოებს, რომლებიც მას მომზადებული
ჰქონდა თავისი საყვარელი შვილებისათვის. დიდი
თეთრი ტახტის განაჩენის დროს, იგი გასცემს
ჯილდოებს იმისათვის, თუ რა გააკეთა თითოეულმა
გადარჩენილმა მორწმუნემ დედამიწაზე და
დაუნიშნავს მათ საცხოვრებელა დგილებს ზეცაში
მათი რწმენის ზომის მიხედვით. მათ გადაეცემათ
მუდმივი საცხოვრებელი ადგილები მესამე ზეცაში,
რომელიც არის ადგილი ცრემლების, ტკივილის,
დარდის, ავადმყოფობის და სიკვდილის გარეშე,
რათა სიკეთით, სიხარულით და ბედნიერებით
სავსე სიცოცხლით იცხოვრონ სრულყოფილ ზეციურ
სხეულებში.
იესო ამბობს იოანე 14:2-ში „მამაჩემის სახლში ბევრი
სავანეა. ასე რომ არა, განა გეტყოდით, მივდივარ,
რათა ადგილი გაგიმზადოთ-მეთქი? ხოლო როცა

წავალ და აღგილს გაგიმზადებთ, კვლავ მოვალ და
ჩემთან წაგიყვანთ, რათა, სადაც მე ვიქნები, თქვენც
იქვე იყოთ."

როგორ გამოიყურება ზეცის საუკუნო სამეფო და
როგორი ცხოვრებით ვიცხოვრებთ იქ?

ახალი ზეცა და ახალი დედამიწა

ზეცაში ცა არის მოწმენდილი და ღია ლურჯი ფერის.
მიზეზი იმისა, თუ რატომ შექმნა ღმერთმა ცა ლურჯად
არის ის, რომ ეს გვაგრძნობინებს სიღრმეს, სიმაღლეს
და სინათლეს. მას სურს, რომ მისმა საყვარელმა
შვილებმა სამუდამოდ ბედნიერად იცხოვრონ
კრისტალივით წმინდა და ლამაზი გულებით.
ასევე არსებობს ღრუბლები ზეციური სამეფოს
ცაში. ღრუბლები არის დეკორაციის ფორმა სილამაზის
გასაზრდელად. ღრუბლები ზეციური მოსახლეების
გულებს ბედნიერებას ჰმატებს. როდესაც ის
ადამიანები, რომლებიც ახალ იერუსალიმში
არიან, ღმერთზე ფიქრობენ და აღიდებენ მას ცის
შემქურექები, ანგელოზები ვითხულობენ მათ აზრებს
და ზოგჯერ გულის ფორმის ღრუბლებს ქმნიან ან
რაიმეს წერენ ჭრუბლებით.
ზეცაში, ღმერთის დიდების სინათლეა, რომლის
მზის შუქთან შედარებაც კი შეუძლებელია. ეს სინათლე
ზეცის ყოველ კუთხე კუნჭულს ანათებს (დაბაღება
22:5).

ღმერთის დიდების სინათლე ისეთი კაშკაშაა, რომ
თუ კი იგი სამოთხეში გაანათებდა, იქ მყოფი სულები
თავსაც კი ვერ ასწვდნენ მისი ბრწყინვალების გამო.
ამ მიზეზის გამო, ღმერთმა უფრო მეტად შეამცირა
სინათლის სიკაშკაშე სხვა საცხოვრებელ ადგილებში.

რაც უფრო შორს წახვალ ახალი იერუსალიმიდან
და ზეცის მესამე სამეფოდან მეორე და პირველ
სამეფოებში და სამოთხეში, მით უფრო იკლებს
სინათლის სიკაშკაშე.

ზეცაში ღმერთის ძალით არსებობს ოთხი სეზონი -
გაზაფხული, ზაფხული, შემოდგომა და ზამთარი. მათ
არ სჭირდებათ ოთხი სეზონი, მაგრამ ესენი ღმერთმა
თავისი შვილებისთვის მოამზადა, რათა ისიამოვნონ
თითოეული სეზონის სხვადასხვა ბუნებრივი
შესახედაობით. მათ შეუძლიათ ნახონ შემოდგომის
ფოთლები და ზამთრის თოვლიც კი.

ღმერთმა ყველაფერი სრულყოფილი და ლამაზი
გზით შექმნა, რათა ვიგრძნოთ თითოეული სეზონის
სილამაზე, მაგრამ ეს იმას არ ნიშნავს, რომ ზეცაში
„სიცივე" ან „სიცხე" იქნება სხვადასხვა სეზონზე.
არსებობს განსხვავებები სეზონებში, მაგრამ
განსხვავება არ იქნება ტემპერატურაში. ტემპერატურა
ყოველთვის შესაფერისი იქნება ცხოვრებისათვის.

ზეცის ნიადაგი არა მტვრით, არამედ ოქროთი,
ვერცხლით და სხვადასხვა ძვირფასი ქვებით არის
შექმნილი. ფოლადს აქვს სამუალო სისქელე, მაგრამ
როდესაც დაფხვნილია, ქარი წაიღებს. მაგრამ თუ კი
ბურთის ფორმა ექნება, ქარი მას ვერ წაიღებს. ოქროს,
ვერცხლს და ძვირფას ქვებს ბურთისებრი ფორმები
აქვთ და ამიტომ ზეცაში არ არსებობს მტვერი.

ოქროს და ძვირფასი ქვების გზები

ზეცის ყოველ საცხოვრებელ ადგილას არის ოქროს
გზა. რა თქმა უნდა, ბრწყინვალეობა, რომელიც ოქროს
გზიდან მოდის, განსხვავდება ერთი ადგილიდან
მეორე ადგილისაგან. რაც უფრო მიუახლოვდებნი
ახალ იერუსალიმს, უფრო ბრწყინვალე გახდება გზა.
დედამიწის ბაჯაღლო ოქროსგან განსხვავებით, ოქრო

ზეცაში მყარია, მაგრამ როდესაც მასზე გაივლი ძალიან რბილია. დედამიწაზე ადამიანის ხელის სიდიდის ოქრო იმვიათია. მაგრამ, როდესაც უსასრულო ოქროს გზას დაინახავ, რომელიც მინასავით კაშკაშებს, წარმოგიდგენია როგორი დიდებული სანახაობა იქნება! ბაჯაღლო ოქრო წარმოადგენს სულიერი რწმენის შეუცვლელ თვისებას. ოქროს გზის ბრწყინვალება თითოეულ ზეციურ საცხოვრებელში განსხვავდება, რადგან ზეციური საცხოვრებელი ადგილი გადაწყდება ყოველი ადამიანის რწმენის ზომის მეშვეობით.

სამოთხეში ღმერთი ოქროს არ მიაკუთვნებს დიდ მნიშვნელობას. თუმცა, როგორცი პირველი საძევოდან ზეცის მეორე და მესამე საძევოებში გადახვალ, მოსახლეები უფრო ახლოს იქნებიან რწმენის სრულყოფილ ზომამდე, ამიტომ ბაჯაღლო ოქროს თითოეულ უფრო და უფრო მაღალ საცხოვრებელ ადგილას უფრო ღრმა მნიშვნელობა ექნება, რომელიც ნაჩვენები იქნება ბრწყინვის სიკაშკაშეში.

ოქროს გზის გარდა, არსებობს სხვა ტიპის გზები, როგორებიც არის ყვავილის და ძვირფასი ქვების გზები. ასევე არსებობს ისეთი გზები, რომლებზეც უბრალოდ დადგომით ღმერთის ძალით გადააღტიელდები. სულიერი ფორმა არის ძალიან მსუბუქი. ამიტომ თუ კი ყვავილებზე გაივლი, ისინი არ დაზიანდებიან. ყვავილები მხიარულდებიან და უფრო მეტ სურნელებას გამოსცემენ, როდესაც ღმერთის შვილები უახლოვდებიან.

ძვირფასი ქვების გზები გასაოცარ შუქებს ასხივებენ. როდესაც მათ დააბიჯებ, კიდევ უფრო ლამაზ შუქებს გამოსცემენ. მაგრამ ძვირფასი ქვების გზებს ზეციურ საძევომში ყველგან ვერ ნახავთ. ისინი განლაგებულია იმ ადამიანების სახლების გარშემო, რომლებიც

მთლიანად დაექსტაცსხნენ უფალს და რომლებსაც დიდი წვლილი მიუძღვით კაცობრიობის გამენების ღმერთის განგებაში.

სიცოცხლის წყლის მდინარე

სიცოცხლის წყლის მდინარე ღმერთის ტახტიდან გადმოედინება. ჩამოედინება მთელს ზეციურ სამეფოში და შემდეგ უბრუნდება თავის წყაროს. მდინარე კრისტალივით წმინდაა და ძალიან ჩუმად მოედინება. იგი არასოდეს ორთქლდება ან ბინძურდება. ეს არის ზღვის ტალღებივით, რომლებიც ბრწყინავენ როგორც ძვირფასი ქვები მზის სინათლეზე. ეს წარმოადგენს გულს ღმერთის, რომელიც წყაროა სიცოცხლის წყლის და სიცოცხლის წყალი კი ბუნებაში ყველაფერს აღადგენს. ღმერთის გული არის ლამაზი გული, რომელიც თვალისმომჭრელად ბრწყინვალეა და უნაკლო. ის ყველაფერში სრულყოფილია.

იმ ფაქტს, რომ სიცოცხლის წყლის მდინარე ჩამოედინება მთელს ზეციურ სამეფოში, აქვს მნიშვნელობა, რომ ღმერთი ყველა სულს მართავს ზეცაში და საშუალებას აძლევს მათ მისი წყალობით სიხარულით აღსავსე ცხოვრებით იცხოვრონ. სიცოცხლის წყლის ბემო ნაწილობრივ ტაბილია და ისეთი რამ არის, რასაც დედამიწაზე ვერასოდეს გავსინჯავთ. როდესაც ვსვამთ, ის გვაძლევს სიცოცხლეს, ძალას და ბედნიერებას.

აპოკალიფსი 22:2 ამბობს, რომ შუა ქუჩაში მიედინება. ამიტომ მდინარის ორივე მხარეს არის გზები. ის გადმოდის ღმერთის ტახტიდან და ჩამოედინება მთელს ზეციურ სამეფოში, ამიტომ თუ კი მდინარის პირას ქუჩას აუყვები, საბოლოოდ ღმერთის ტახტს მიაღწევ. ეს ფაქტი სულიერად ნიშნავს იმას, რომ თუ კი ღმერთის სიტყვის თანახმად ვიცხოვრებთ,

რომელიც გამოსახულია სიცოცხლის წყლით, ჩვენ
არა მხოლოდ ზეციურ სამეფოს მივაღწევთ, არამედ
ყველაზე ლამაზ საცხოვრებელ ადგილს ზეცაში, ახალ
იერუსალიმს.

სიცოცხლის წყლის მდინარის და ორივე მხარეს
მდებარე გზებს შორის არის მდინარის ნაპირები,
რომლებსაც აქვთ ოქროს და ვერცხლისფერი ქვიშები.
მიუხედავად იმისა რომ მაგრებია, ზეცაში ბურთის
ფორმის ქვიშა რბილია. ადამიანები არ დაშავდებიან
თუ კი ამ ქვიშაზე გაგორდებიან. ქვიშა არ ივანტება და
ზეციურ მოყაზმულობაზე მტვერივით არ რჩება.

მდინარეში ცურაობაც კი შესაძლებელია.
მიუხედავად იმისა, რომ დედამიწაზე არ იცი ცურვა,
ზეცაში ამას თავისუფლად შეძლებ. როდესაც
დედამიწაზე საცურაოდ გვინდა წასვლა, საცურაო
კოსტუმების ჩაცმა გვიწევს. მაგრამ ზეცაში წყალი
არ აღწევს ზეცის ტანისამოსში. ის უბრალოდ
ჩამოგორდება ტანსაცმლის ზედაპირზე. ამიტომ
შენ შეგიძლია თავისუფლად იცურაო ჩვეულებრივი
ტანისამოსით.

იქ არის ლამაზი დასახჭდომი სკამები, რომლებიც
აშენებულია მდინარის გასწვრივ მდებარე ოქროს
გზებზე. მათ გარშემო არის თორმეტი ნაყოფი
სიცოცხლის ხიდან. აპოკალიფსი 22:2 ამბობს, „მისი
მოედნის შუაში და მდინარის გაღმა-გამოღმა
სიცოცხლის ხეა, ყოველთვიურად რომ გამოაჯვს
თორმეტი ნაყოფი...“ ეს იმას არ ნიშნავს, რომ ნაყოფი
ჩამოვარდება და შემდეგ ყოველ თვე სხვა ნაყოფი
იქნება. ეს ნიშნავს იმას, რომ იქ ყოველთვის თორმეტი
ნაყოფია.

სიცოცხლის ნაყოფი არის ნესვივით დიდი,
მაგრამ ვაშლის ფორმა აქვს. იგი არის მოწითალო და
ფერი ძალიან ლამაზია. თორმეტი ნაყოფი ოდნავ
განსხვავდება ერთმანეთისაგან სიმჭრთალეში,

ზომაში, ფორმაში და ტემში. თუ ვინმე ერთ-ერთ ნაყოფს აირჩევს, მაშინვე ახალი ნაყოფი გაიზრდება მის მაგივრად. ეს ნაყოფი დედამიწის ნებისმიერ ნაყოფზე უფრო სურნელოვანი და ტემრიელია. იგი პირში დნება ბამბის კამტეტივით.

ხედვაში ერთხელ დმერთმა მაჩვენა სიცოცხლის წყლის მდინარის სანახაობა. დმერთის შვილები ისხდნენ სკამებზე, რომლებიც მორთული იყო ოქროთი და ძვირფასი ქვებით. მათ ერთმანეთთან სასიამოვნო საუბარი ჰქონდათ.

ზეცის ცხოველები და მცენარეები

ზეცაში სხვადასხვა სახის ცხოველების, ფრინველების და თევზების რაოდენობა აურაცხელია. ზოგი ისეთია, რომელიც დედამიწაზე არ არსებობს და ასევე არსებობს ისეთები, რომლებიც დედამიწაზე არიან მაგრამ არა ზეცაში. ის ცხოველები, რომლებიც საძულველად არის მიჩნეული ლევიანთა 11-ში, არ არსებობს ზეცაში.

ზეცაში ცხოველები ოდნავ დიდებია, ვიდრე დედამიწაზე. ძუძუმწოვრების ბეწვი და ფრინველების ბუმბულები გამოსცემენ ბრწყინვალე შუქებს და ნაზ სურნელს. ლომიც კი არ არის სასტიკი.

ზეცაში ცხოველები ესალმებიან დმერთის შვილებს და სიხარულით ივსებიან როდესაც მათ ხედავენ. განსაკუთრებით ახალ იერუსალიმში, იქნებიან ისეთი ადამიანები, რომლებიც ჯილდოდ ცხოველებს პირად საყვარელ ცხოველებად მიიღებენ ან შეიძლება მთელი ზოოპარკიც კი გადააცეთ მათ. ცხოველები ასრულებენ საყვარელ ტრიუკებს, რათა პატრონები ასიამოვნონ. ეს იმიტომ არ არის ასე, რომ შეუძლიათ თავიანთი მეპატრონის აზრების კითხვა, არამედ იმიტომ, რომ

მათ სული აქვთ. ეს არის უბრალოდ ანგელოზების დამორჩილება ღმერთზე, ზეცაში ცხოველები, სულიერ არსებებად ყოფნა, თითქმის ავტომატურად ისე იქცევიან, რომ მათ მეპატრონეს შეუყვარდნენ.

ზეცაში მრავალი სახის მცენარეა სიცოცხლის ხის, სხვა ნაყოფის ხეების და ყვავილების ჩათვლით. დედამიწაზე მცენარეები იღებენ საკვებს ფესვებიდან და ფოტოსინთეზის პროცესით, რათა წარმოქმნან ენერგიის წყარო. ზეცაში კი მცენარეები სამუდამოდ ცხოვრობენ ამ პროცესების გარეშე, მაგრამ ღმერთის მიერ გადაცემული სიცოცხლის ძალით. მცენარეების ფესვები არ იწოვენ საკვებს. ისინი უბრალოდ აჩენენ თითოეული მცენარის დამახასიათებელ თვისებებს. რა თქმა უნდა, ყვავილების ფორმებს, მათ სურნელებას და ნაყოფებს შეუძლიათ აჩვენონ განსხვავება, მაგრამ ფესვებიც ამჟღავნებენ ასეთ განსხვავებებს.
ზეცაში მცენარეები გამოსცემენ უნიკალურ სურნელებას. ისინი შეიძლება გამოძრავდნენ ან ტოტები მოდუნონ გარკვეული მნიშვნელობის გამოსახატავად. მათ შეუძლიათ მოძრაობა, თითქოს დიდების სიმღერებზე მოცეკვავე ანგელოზები იყვნენ. ასევე მათ შეიძლება ადიდონ ღმერთი მაქსიმალური სურნელების გამოყოფით.
ფოთლები, ყვავილები ან ნაყოფები არასოდეს ცვივა. მათი სურნელება და ფერი არასოდეს იცვლება. თუ კი ყვავილს მოწყვეტ, მაშინვე ახალი ყვავილი ამოვა. იგივე ხდება ნაყოფზეც. მოწყვეტილი ყვავილები არასოდეს ჭკნება და მათი სიხასხასე ყოველთვის რჩება. თუ კი ყვავილის შენახვა მოგინდება, იმდენი ხანი გაძლებს რამდენი ხანიც შენ მოგესურვება. თუ მისი გადაგდება მოგინდება, იგი უბრალოდ ჰაერში გაიფანტება. ზოგი ყვავილი უფრო ძლიერ სურნელს გამოსცემს, როდესაც იყხვნება. თუ გსურს, შეგიძლია

ბოთლში შეინახო რამდენი ხანიც გინდა.

თითოეულ მცენარეს აქვს თავისი უნიკალური სურნელი. მათ აქვთ ახალი, ტკბილი, ნაზი ან მშვენიერი სურნელი. თითოეულ ზეციურ საცხოვრებელ ადგილას სურნელებას განსხვავებული მნიშვნელობა აქვს. როდესაც სტუმარი მოდის, ვარდები განსაკუთრებულ სურნელს გამოსცემენ სტუმრისათვის სახლის მეპატრონის გულის გამოსახატავად. ახალ იერუსალიმში სხვადასხვა სახლებში ვარდები გამოსცემენ განსხვავებულ სურნელს.

ასევე, ზოგი მცენარე, რომელიც ახალ იერუსალიმშია, არ არის სხვა ზეციურ საცხოვრებელ ადგილას. ყვავილების ჯიშების რაოდენობა მცირდება, როდესაც ახალი იერუსალიმიდან სამოთხისკენ მიდიხარ. ასევე, თავისუფლება, რომ პირადად გამოიყენო ყვავილები, უფრო და უფრო მეტად იზღუდება. ბალახის მდელოზე ჯდომის კომფორტიც და მდელოს ფერიც განსხვავდება თითოეულ საცხოვრებელ ადგილას.

ზეცაში ყველაფერი, ცხოველების და მცენარეების ჩათვლით, მომზადებულია ღმერთის მიერ თავისი გადარჩენილი შვილებისათვის. ღმერთის იმ ჭეშმარიტ შვილებს, რომლებიც მხოლოდ ღმერთის ნებით ცხოვრობდნენ დედამიწაზე, ზეცაში რაც სურთ ყველაფერი გადაეცემათ.

ზეცის კულტურული ცხოვრება

ღმერთმა სხვადასხვა გასართობი დააწესებულება შექმნა თითოეულ ზეციურ საცხოვრებელ ადგილას, რათა თავის შვილებს ყველაზე დიდი ბედნიერება და სიხარული მიანიჭოს. ისინი შეუდარებლად დიდებია, ვიდრე დედამიწაზე არსებული ყველაზე დიდი

გასართობი პარკი.

რადგან ჩვენ ზეცაში სრულყოფილ ზეციურ სხეულებში ვართ, არ არსებობს შიშის საჭიროება. ჩვენ არასოდეს შეგვეშინდება ატრაქციონებზე. შენ უბრალოდ გაოცებული დარჩები. გარდა გასართობი პარკებისა, იქ ასევე არსებობს სხვა გასართობი და სასიამოვნო ადგილები. ჩვენ ასევე შეგვიძლია გვქონდეს საყვარელი საქმიანობები ნიჭის გასაუმჯობესებლად გარკვეულ შესაძლებლობებში ზუსტად როგორც დედამიწაზე.

გარდა ამისა, თუ იყო ისეთი რამე დედამიწაზე, რის გაკეთებისგანაც თავს ვიკავებდით ღმერთის სამუშაოს გამო, ზეცაში ამით იმდენად ვისიამოვნებთ რამდენადაც მოგვინდება. ასევე შევისწავლით ახალ რადაცეებს. შეგვიძლია ვისწავლოთ მუსიკალურ ინსტრუმენტებზე, მაგალითად ვიოლინოზე, ფლეიტაზე ან არფაზე დაკვრა. ზეცაში ყველა ბრძენი და საუკეთესოა, ამიტომ ახალი რადაცის შესწავლას სწრაფად შევძლებთ.

სპორტი ზეცაში ისეთ თამაშებს გამორიცხავს, რომლითაც შესაძლებელია ადამიანი დაშავდეს. იქ გარკვეული წესები იქნება თითოეული თამაშისათვის. ჩვენ გვექნება გუნდური სპორტული თამაშები, როგორიც არის ფრენბურთი, კალათბურთი, ფეხბურთი ან ბეისბოლი. ასევე იქნება უფრო ინდივიდუალური თამაშები, როგორიც არის ჩოგბურთი, თხილამურებით სრიალი, გოლფი, ბოულინგი და ცურვა. შეგვიძლია ვისიამოვნოთ ისეთი სპორტითაც როგორიც არის დელტაპლანით ფრენა, სერფინგი ან აფრით ცურვა. ზეცაში სპორტული დაწესებულებები და მოწყობილობები ისე არის მოწყობილი, რომ უბედური შემთხვევა არ მოხდება და მორთულია ოქროთი და ძვირფასი ქვებით.

ზეცა არ არის ის ადგილი, სადაც სიამოვნებას იღებ

შეჯიბრების მოგებაში. შენ საკმარის სიამოვნებასა და კმაყოფილებას მიიღებ მხოლოდ იმ ფაქტით, რომ სპორტული თამაშების თამაში შეგიძლია. შენ შეიძლება იკითხო, თუ რა არის თამაშის მნიშვნელობა, თუ კი გამარჯვებული არ იქნება? მაგრამ რადგან ზეცაში ბოროტება არ არსებობს, სხვებისთვის უფრო დიდი სიამოვნების მისანიჭებლად, თამაში უნდა მოიგო.

რა თქმა უნდა არის ისეთი თამაშებიც, რომელშიც სხვებს კარგ რჩმენაში ეჯიბრები. მაგალითად, ადამიანები, შეისუნთქავენ ყვავილების სურნელს იმდენად რამდენადაც შეუძლიათ და შემდეგ გამოუშვებენ სხვა ადამიანების წინაშე. ეს არის შეჯიბრება იმის შესახებ, თუ რამხელა სიამოვნება შეგიძლია მიანიჭო სხვებს და ეს ღმერთის თვალშიც სასიამოვნოა. ზეცაში კიდევ სხვა მრავალი გასართობი თამაშები არსებობს, რომლებიც დედამიწის თამაშებს ვერც კი შეედრება. ისინი არ იწვევენ დაღლილობას როგორც არკადა თამაშები ან ვიდეო თამაშები და არასოდეს გბეზრდება მათი თამაში.

ზეცაში ფილმების ყურებაც შეგიძლია. თეატრებში შენ ხედავ მონუმენტურ მოვლენებს, რომლებიც ადამიანთა გაშენების დროს მოხდა. შექმნას, ნოეს წყალდიდობას, გამოსვლას, იესოს სამღვდელოების, ჯვრის განგებას, სული წმინდის ცეცხლოვან სამუშაოებს და თითოეული რჩმენის მამის ისტორიას ფილმებად აჩვენებენ.

მაგალითად, შენ შეგიძლია უყურო ფილმს პავლე მოციქულის მთლიანი ცხოვრების შესახებ. შენ შეგიძლია ნახო თუ როგორ შეხვდა იგი უფალს და როგორ სიყვარულით მიუძღვნა მას თავისი ცხოვრება. შენ შეგიძლია ყველაფერი, რაც ბიბლიაში არ წერია, დეტალურად გაიგო. შენ ისე ნახავ პავლეს ცხოვრებას,

თითქოს მასთან ერთად იყო. შენ შეგიძლია გამოცადო მისი დაპატიმრება ფილიპეში და ღმერთის დიდება და მადლიერად ყოფნა, მაშინაც კი როდესაც ზღვაში იყო გემის ჩაძირვის შემდეგ. როგორი ემოციურად საინტერესო იქნება ეს!

ტრანსკორტირება ზეცაში

ჩვენ შეგვიძლია იდუმალ და ლამაზ ადგილებს ვესტუმროთ ზეციურ სამეფოში. სადაც არ უნდა წავიდეთ, ყველგან სულისშემკვრელი სანახაობები. როდესაც სრულყოფილ ზეციურ სხეულში ხარ, რამდენი ხანიც არ უნდა იმოგზაურო, მაინც არასოდეს იღლები. სულის გული არასოდეს იცვლება, ამიტომ ჩვენ არ გვბეზრდება ერთი და იგივე ადგილის რამდენჯერმე დათვალიერება.

იქ მოგზაურობისთვის სხვადასხვა მნიშვნელობის სატრანსპორტო საშუალება იქნება. არსებობს ზეციური მატარებელი, რომელიც საზოგადოებრივი სატრანსპორტო საშუალებაა. ასევე არის კერძო ტრანსპორტი, როგორიც არის ღრუბლის ავტომობილი ან ოქროს ვაგონი. ზეციური მატარებელი მორთულია ბრწყინვალე ძვირფასი ქვებით სხვადასხვა ფერებში და მგზავრებს საუკეთესო კომფორტს სთავაზობს. როდესაც სამოთხეში მცხოვრები მორწმუნეები ახალ იერუსალიმში მიდიან სტუმრად, ისინი ზეციურ მატარებელს გამოიყენებენ. მატარებელს დიდი სისწრაფით შეუძლია ცაში ფრენა.

მიუხედავად იმისა, რომ მას ღრუბლის ავტომობილი ჰქვია, იგი არა ორთქლით არის შექმნილი, არამედ დიდების ღრუბლით. როდესაც ღრუბლის ავტომობილზე ზიხარ, ამით ხალხი გრძნობს ღირსებასა და უფლებამოსილებას. როდესაც უფალი დაბრუნდება, იგი ღრუბლებით

ჩამოვა (1 თესალონიკელთა 4:16). ეს იმიტომ, რომ უფრო ღირსეულად, პატივცემულად და ლამაზად გამოიყურებოდეს იქნება დიდების ღრუბელზე.

ღმერთი ღრუბლის ავტომობილს იმ ადამიანებს აძლევს, რომლებიც ზეცის მესამე სამეფომში ან უფრო მაღლა შედიან. ზეცის მესამე სამეფომში ავტომობილები საზოგადოებრივი გამოყენებისთვის არის, მაგრამ ახალ იერუსალიმში ისინი გადაეცემათ კერძო გამოყენებისათვის. ამ თვალსაზრისით, ღრუბლის ავტომობილის ქონა ამჟღავნებს მეპატრონის დიდებას.

მათ, ვინც ახალ იერუსალიმში არიან, შეუძლიათ უფალთან ერთად სამოგზაუროდ წავიდნენ ღრუბლის ავტომობილებით. ჩვეულებრივ ღრუბლის ავტომობილებს ანგელოზები ატარებენ. ზოგი მათგანი პატარა სამგზავრო მანქანასავით არის, როდესაც სხვები უფრო დიდია და უფრო მეტი მგზავრისთვის არის განკუთვნილი. დიზაინი, ფერი და დეკორაციებიც განსხვავდება. ასევე არსებობს ავტომობილი, რომელიც ღრუბლის პატარა ნაწილისგან არის შექმნილი. იგი გამოიყენება მოკლე მანძილისათვის.

დიდების წირვა და განათლება ზეცაში

ზეცაშიც დავესრებით წირვა-ლოცვებს. თვით ღმერთი იქადაგებს. ჩვენ დეტალურად შევისწავლით სულიერი სამყაროს შესახებ, ღმერთის წარმოშობის, დროის დასაწყისის და მარადისობის ჩათვლით. ასევე დრო გვექნება უფალსაც მოვუსმინოთ. ჩვენ შეგვეძლება ვესაუბროთ ღმერთს, უფალს და სული წმინდას და ზეცაში ეს არის ლოცვა. შევქდლებით ღმერთი ვადიდოთ ახალი სიმღერებით.

ზეცაში, თუ კი ისეთ ადგილას უნდა წახვიდეთ, რომელიც შენს საცხოვრებელ ადგილზე მაღალ

დონეზეა, ისეთი ტანისამოსი უნდა ჩაიცვა, რომელიც შეესაბამება იმ ადგილს და შემთხვევას. ახალ იერუსალიმში ჩატარებული თაყვანისცემის სერვისები ყველგან იქნება გადაცემული რადიოს საშუალებით, ამიტომ ზეცაში ყველას შეუძლია დაესწროს სერვისებს. მაგრამ ამისათვის არ არის საჭირო რთული მოწყობილობა. ანგელოზები გაშლიან უზარმაზარ ნაჭერს, რომელიც გახდება ეკრანი. შუქები და ფერები ავტომატურად დარეგულირდება ყოველი საცხოვრებელი ადგილისათვის, რათა ნათელი ვიდეოს ნახვა შეძლონ, რომელიც მათ ისეთ შეგრძნებას აძლევს, თითქოს იქ არიანო.

მიზეზი იმისა, თუ რატომ უნდა დარეგულირდეს შუქები თითოეულ საცხოვრებელ ადგილას არის ის, რომ თუ ჯი ღმერთის შუქები ისე დარჩება როგორც არის, ისინი, რომლებიც მესამე სამეფოში ან დაბლა არიან, მას ვერ დაინახავენ, რადგან განათება ზედმეტად ბრწყინვალეა. ისინი, რომლებიც მეორე სამეფომში ან უფრო დაბლა არიან, ვერც ჯი შეძლებდნენ თავის აწევას, რათა ეკრანზე ღმერთისთვის სახეში შეეხედათ, რადგან მათი ნაშუსი ამის უფლებას არ მისცემდა.

ეს განსაკუთრებით იმ ადამიანებს ეხებათ, რომლებიც სამოთხეში ცხოვრობენ და რომლებაც „სირცხვილით მიიღეს ხსნა“. ისინი ეკრანსაც ჯი ვერ უყურებენ, რადგან შერცხვენილები არიან. გარდა ღმერთის ჩატარებული თაყვანისცემის სერვისებისა, შენ შეგიძლია უფალი, სული წმინდა ან რწმენის მამები, როგორებიც არიან მოსე და პავლე, მიიპატიჟო თაყვანისცემის სერვისებზე საქადაგოდ.

ზეცაში ასვლის შემდეგაც გავაგრძელებთ ახალი რადაცეების შესწავლას. ზეცის სამეფო უსასრულოა და ამიტომ არ აქვს მნიშვნელობა რამდენს შევისწავლით, მაინც ვერასოდეს გვეცოდინება ყველაფერი შემოქმედის ღმერთის შესახებ, რომელიც

მარადისობამდე არსებობდა. რთულია მთლიანად გაიგო უსასრულო სიღრმე ღმერთისა, რომელიც სამყაროში ყველაფერს მართავს. ჩვენ ვიგრძნობთ, რომ ზეცა სავსეა ისეთი რადაცეებით, რომლებიც მართლაც უნდა შევისწავლოთ. მაგრამ ზეცაში სწავლა, დედამიწაზე სწავლისგან განსხვავებით, მხოლოდ სასიამოვნო იქნება. ჩვენ ყველაფერს გავიგებთ, როდესაც ვისწავლით. არასოდეს დაგვავიწყდება ერთხელ ნასწავლი და ამიტომ არაფერია რთული სწავლასთან დაკავშირებით. გარდა ამისა, უბრალოდ ლექციებს არ ვუსმენთ. იქ იქნება სამ-განზომილებიანი პროგრამები, რომლებიც გაგებაში დაგვეხმარება.

წარმოიდგინე ღმერთის ჭეშმარიტი ხმა ამბობს „იყოს ნათელი", რომელიც მთელს სამყაროში გაისმის და ნათელი იქმნება და ეს ყველაფერი შენს თვალწინ ჩნდება! ასევე, წარმოიდგინე შენ შეგიძლია დაინახო ზედაპირის შექმნა წყლისაგან და წყლის წყლისაგან დაყოფა. როგორი დიდებული და გასაოცარი იქნება ეს ყველაფერი!

სხვადასხვა ზეიმები ზეცაში

ზეცაში სხვადასხვა ზეიმები შეიძლება ჩაითვალოს ზეციური ცხოვრების სიხარულის კულმინაციად. ერთი შეხედვით ისინი გვაგრძნობინებენ ზეცის სიუხვეს, თავისუფლებას, სილამაზეს და დიდებას. ზეიმებზე ხალხი განსაკუთრებულ წარმოდგენებს ან ცეკვებს უყურებენ საყვარელ ადამიანებთან ერთად ყველაზე ლამაზ ტანისამოსში. მიუხედავად იმისა, რომ დედამიწაზე ცეკვა კარგად არ შეგეძლო, ზეცაში სწრაფად ისწავლი კარგად ცეკვას.

დედამიწაზეც კი, ადამიანი სული წმინდის შთაგონებით იმდენად აივსო, რომ ენებზე დაიწყო საუბარი და ახალი სიმღერების გალობა. შემდეგ

ღმერთის დიდებისათვის ხელებმა და მკლავებმა ავტომატურად დაიწყოს მოძრაობა რითმის მიხედვით. ზეცაში, სრულყოფილი ზეციური სხეულით, ყველას შეუძლია ლამაზად ცეკვა ნებისმიერი მუსიკის თანხლებით. ადამიანს სოლო ცეკვითაც შეუძლია ღმერთი ადიდოს.

ზეცაში მრავალი ტიპის ზეიმია და თითოეულ საცხოვრებელ ადგილას მისი სიდიდე და დონე განსხვავდება. ზოგჯერ ყოველი საცხოვრებელი ადგილიდან ხალხი მიწვეულია ზეიმზე, რომელიც ტარდება ღმერთის სახელით.

მაგალითად დიდი თეთრი ტახტის განაჩენის შემდეგ, ჩვენ გადმოგვეცემა შესაბამისი საცხოვრებელი ადგილი ზეცაში და შემდეგ გაიმართება პირველი ზეიმი ახალ იერუსალიმში. ღმერთი ზეციური სამეფოს ყველა მაცხოვრებელს დააპატიჟებს ამ ზეიმზე. მათ, რომლებიც ახალ იერუსალიმში და ზეცის მესამე სამეფოში არიან, შეუძლიათ დაესწრონ ამ ზეიმს, მაგრამ მეორე სამეფოს, პირველი სამეფოს და სამოთხის მხოლოდ წარმომადგენლებს შეუძლიათ ზეიმს დაესწრონ.

როდესაც სხვა საცხოვრებელი ადგილიდან ხალხი ახალ იერუსალიმში ჩატარებულ ზეიმზე დასასწრებად მოდიან, მათ ისეთი ტანისამოსი უნდა ჩაიცვან, რომელიც შეეფერება ახალ იერუსალიმს. ეს იმიტომ, რომ ზეციური სხეულების სინათლე განსხვავდება თითოეულ საცხოვრებელ ადგილას. როდესაც ახალი იერუსალიმისთვის სათანადო ტანსაცმელს ჩაიცმევენ, ისინი შეეწყობიან ამ ადგილს და შესაფერისი იქნებიან იქ ჩატარებული ზეიმისათვის.

იქ არის განსაკუთრებული ადგილები, სადაც ხალხს შეუძლია ტანსაცმლის გამოცვლა. უამრავი სხვადასხვა ტანსაცმელია მომზადებული მათთვის. ანგელოზები კი მათ გამოცვლაში ეხმარებიან. მაგრამ

მათ, რომლებიც სამოთხიდან არიან, მათ თვითონ მოუწევთ ტანსაცმლის გამოცვლა. როდესაც ახალი იერუსალიმის გაბრწყინებულ ტანსაცმელს ჩაიცმევენ, მათ აღუწერელი დიდების გრძნობა დაეუფლებათ და თავს დაუმსახურებლად იგრძნობენ, რადგან ეს არის ტანსაცმელი, რომლის ტარებაც მათ არ დაუმსახურებიათ.

ტანსაცმლისგან განსხვავებით, ახალ იერუსალიმში გვირვინები არ არის მომზადებული. ყველას თავისი საკუთარი გვირგვინი უნდა იქონიოს თან. ზეცის მესამე სამეფოს გვირგვინები დიდად განსხვავდება ახალ იერუსალიმის გვირგვინებისაგან, და გვირგვინის მარჯვენა კუთხეში არის პატარა, მრგვალი ნიშანი. ისინი, რომლებიც მეორე სამეფოდან, პირველი სამეფოდან და სამოთხდან არიან, მარცხენა მკერდზე მრგვალ ნიშანს იმაგრებენ, რადგან ადვილად გამოირჩეოდნენ იმ ადამიანებისაგან, რომლებიც ახალ იერუსალიმში ან ზეცის მესამე სამეფოში ცხოვრობენ. ისინი, რომლებიც ზეცის მეორე სამეფოდან არიან, იხურავენ თავიანთ გვირგვინებს ზეიმზე დასასწრებად, მაგრამ სამოთხეში მცხოვრებ ადამიანებს არ აქვთ გვირგვინები.

სხვადასხვა საზხოვრებელი ადგილების ზეიმები

ჩვეულებრივ ანგელოზები არიან დეკორაციების, გაცილების, საკვების მომსახურების და ყველა სხვა ზეციური ზეიმების მზადების საკითხების პასუხისმგებელნი. ზუსტად როგორც თვითმფრინავებს სხვადასხვა მომსახურებები აქვთ კლასის მიხედვით, ზეიმის მომსახურების და მთელი მზადების დონეც განსხვავდება თითოეულ საცხოვრებელ ადგილას.

თუ ჩვენ ვიტყვით, რომ ახალი იერუსალიმის ზეიმები არის სამეფო ან წარჩინებული ოჯახის მიერ

ჩატარებული ნადიმები, მაშინ სამოთხის ზეიმები შეგვიძლია მივამსგავსოთ ღარიბი გლეხის დროის ტარებას მის მეზობლებთან ერთად. მაგრამ ეს უბრალოდ ალეგორიაა, და იმას არ ნიშნავს, რომ სამოთხეში ზეიმები უხარისხოდ არის მომზადებული. ეს უბრალოდ იმას ნიშნავს, რომ დიდი განსხვავებაა ახალ იერუსალიმისა და სამოთხის ზეიმებს შორის.

სამოთხეში ზეიმები არ ტარდება ცალკეული პირის მიერ. ისინი ტარდება ძირითადი საზოგადოების ან გარკვეული ჯგუფების მიერ. იქ არ არიან დამხმარე ანგელოზები და ამიტომ თვითონ ხალხი ამზადებს ყველაფერს. მაგრამ სამოთხეშიც კი, მხოლოდ სიყეთე და სიყვარული არსებობს ყოველგვარი ბოროტების გარეშე და ამიტომ ყოველი ადამიანი სიხარულითა და ბედნიერებით მოამზადებს ზეიმებს. იქ ყველა ერთმანეთს ემსახურება, რათა დიდი სიხარული მიიღონ. ფაქტობრივად, ეს არის ისეთი ბედნიერებაც, რომელსაც ვერასოდეს ვიგრძნობთ დედამიწაზე.

წარმოდგენები

როგორც დედამიწაზე, ზეცაში სიმღერები და ცეკვები ზეიმების მნიშვნელოვანი ნაწილია. ლამაზი ანგელოზები ელეგანტურად ცეკვავენ ან მუსიკალურ ინსტრუმენტებზე უკრავენ და სიმღერებს მღერიან. ასევე არიან შემსრულებლები, რომლებიც ინსტრუმენტებზე უკრავენ ანგელოზებთან ერთად. ანგელოზებს მიერ შესრულებული ქება-დიდების შესხმა და ცეკვები წუნდაუდებლად ლამაზია. მაგრამ ღმერთი ანგელოზების წარმოდგენაზე უფრო სასიამოვნო რაიმეს იღებს. ესენია ღმერთის შვილების მიერ შესრულებული ქება-დიდებები, ცეკვები და მუსიკალურ ინსტურმენტებზე შესრულებული სიმღერები.

ახალ იერუსალიმში არსებობს წარმოდგენებისთვის განსაკუთრებული დარბაზებიც. დარბაზები ისეთი გრანდიოზული და განსაცვიფრებელია, რომ ნიუ-იორკში მდებარე კარნეგი-ჰოლზე ან მედისონ-სკვერ-გარდეზე უფრო დიდი და ლამაზია და იქ განუწყვეტლივ ტარდება წარმოდგენები. ეს არ არის იმისათვის, რომ შემსრულებლებმა გამოაჩინონ თავიანთი შესაძლებლობები. ეს არის მხოლოდ ღმერთისთვის დიდების და უფლისთვის და სხვა ადამიანებისთვის სიხარულისა და ბედნიერების მიცემისათვის.

მეტყილად, შემსრულებლები ჩვეულებრივ ის ადამიანები, რომლებიც დედამიწაზეც შემსრულებლები იყვნენ. ასევე, არიან ადამიანები, რომლებსაც დედამიწაზე სურდათ წარმოდგენებში მონაწილეობის მიღება, მაგრამ არ შეეძლოთ და ზეცაში ისინი ახალ დიდების სიმღერებს სწავლობენ და მათ წარმოადგენენ.

ახალი იერუსალიმისთვის მომღერლები, მოცეკვავეები და მუსიკოსები არიან ყველაზე მაღალი კლასის შემსრულებლები, რომლებიც ზეცაში ყველას უყვარს.

როდესაც უამრავი ანგელოზი გცემს თაყვანს და უყვარხარ

ახალ იერუსალიმში არის ქალი, რომელსაც აქვს დიდი ღირსება აქვს და რომელსაც უთვალავი ანგელოზი მიჰყვება. იგი არის ის ადამიანი, რომელმაც დედამიწაზე ჩამოაყალიბა სულის სრულყოფილი გული. ეს არის მარიამ მაგდალინელი. მას აქვია კაშკაშა კაბა, რომელიც იატაკამდე წვდება. მას აქვს წელამდე თმა. ი არის თვალისმომჭრელად ლამაზი თავისი გვირგვინით.

დედამიწაზე ცხოვრებისას მარიამ მაგდალინელმა ჩამოაყალიბა სრულყოფილი სიკეთე და მისი სულიერი ფორმა ასხივებს დიდების ბრწყინვალე შუქებს. მისი ხმა სავსეა მოკრძალებით და ძალიან ნაზია. როდესაც იგი საუბრობს, მისი მოკრძალების და სიკეთის სურნელი გადმოდის და ყოველი ანგელოზი და ადამიანი აღელდება მისი სიტყვებით. ზოგჯერ ანგელოზები შემოეხვევიან მარიამ მაგდალინელს და აღიდებენ მის სიკეთის სურნელს.

მას ისეთი საპატიო ადგილი აქვს, რომ ყოველთვის შეუძლია ღმერთის ნახვა და ამიტომ ადამიანს მხოლოდ მისი დანახვით შეუძლია ღმერთის დიდების სინათლის, ღირსების და გულის შეგრძნება. როგორ მიიღო მარიამ მაგდალინელმა ასეთი საპატიო ადგილი?

მარიამ მაგდალინელი უფალთან შეხვედრით უამრავი ავადმყოფობისგან განიკურნა და განთავისუფლდა სიბნელის ძალისაგან. იგი უფლის წყალობის მადლიერი იყო და დამოკიდებულების შეუცვლელად ემსახურებოდა მას. როდესაც იესო ჯვარს აცვეს, უამრავმა ადამიანმა, რომლებიც მას მიჰყვენოდნენ, დატოვა იგი. მაგრამ მარიამ მაგდალინელს ისეთი უცვლელი გული ჰქონდა, რომ სიკვდილამდე იესოს გვერდე იყო. იგი მის საფლავზეც კი მივიდა. საბოლოოდ მან ადგილი დაიმსახურა ახალ იერუსალიმში ღმერტის ტახტდან ახლოს.

ღმერთს სურს, რომ თავისი საუკუნო სიყვარული გაუზიაროს და დიდება მიიღოს თავისი ჭეშმარიტი შვილებისაგან, რომლებიც ჩამოაყალიბებს მარიამ მაგდალინელის ნაირი ლამაზი სიკეთის გულები.
ესაია 43:21-ში წერია, „ჩემთვის გამოვსახე ეს

ერი, ჩემს სადიდებელს იტყვის.“ ღმერთს არ სურს მხოლოდ ლამაზი ხმები, შესანიშნავი ქორეოგრაფია ან მუსიკალური ინსტრუმენტების საოცარი ხმები. მას სურს ქება-დიდება, რომელიც მოდის ჭეშმარიტი და კეთილი გულებიდან. ზოგჯერ ღმერთის მღერის. ლამაზი მელოდიითა და რითმით იგი მღერის თავისი ვაჟის გასაოცარი სამუშაოების ან სული წმინდის არაჩვეულებრივი სამუშაოების შესახებ.

სიმღერაში არავის შეუძლია მისი ხმის იმიტირება. ისეთი ლამაზია, რომ მხოლოდ ერთხელ მოსმენით ყველა მოიხიბლება. მისი გაგება შესაძლებელია მხოლოდ იმ ადამიანებისთვის, რომლებიც ახალ იერუსალიმში ღმერთის ტახტთან ახლოს არიან. ამიტომ, სასურველია, რომ მივაღწიოთ მთლიანი სულის დონეს, ვადიდოთ უფალი ზეცის საუკუნო სამეფოში და მივიღოთ დიდებული ადგილი, სადაც ღმერთის სიმღერის ხმასაც კი გავიგებთ.

ადამიანის საზღვრების გადაბიჯება

ღმერთის სივრცის გამოცდილება

დანახვა ღმერთისა, რომელიც სინათლეა

"ჭეშმარიტად, ჭეშმარიტად გეუბნებით თქვენ: ვისაც მე ვწამვარ, საქმეს, რომელსაც მე ვაკეთებ, თვითონაც გააკეთებს, და მეტსაც გააკეთებს, ვინაიდან მე მამასთან მივალ."

იოანე 14:12

თავი 1
ღმერთის სივრცე

ფიზიკური სივრცისგან განსხვავებით, ღმერთის სივრცე უსაზღვროა. როდესაც ღმერთის ჩეშმარიტი შვილები გავხდებით, ჩვენ შევძლებთ ადამიანთა საზღვრების გადალახვას ღმერთის შეუზღუდავი ძალით. ღმერთის სივრცეში, რამეს შექმნა შეიძლება არაფრისგან და მკვდრის გაცოცხლებაც შეიძლება. ამ სივრცეში არაფერია შეუძლებელი.

ღმერთის სივრცის ქონა

შექმნის სამუშაოები ხდება ღმერთის სივრცეში

სამუშაოები, რომლებიც აბიჯებს დროსა და სივრცის საზღვრებს

მომქაობის განცდა სივრეების მეშვეობით

სიყვარული, რომელიც სამართლიანობას სცდება

სივრცე არის ზედაპირის განფენილობა ან სამ-
განზომილებიანი ადგილი. ასევე შეიძლება ეხებოდეს
სამ-განზომილებიანი ადგილის უსასრულო
განფენილობას, სადაც არსებობს ყველაფერი.
დღეს, ასევე არსებობს კიბერ სივრცე, რომელიც
კომპიუტერების მიერ არის შექმნილი. იგი ღიაა
ყველასათვის, მაგრამ ადამიანებს შეუძლიათ მისი
გამოყენება სხვადასხვა ღონისძიებებისათვის, რაც
დამოკიდებულია მათ კომპიუტერის ცოდნასა და
გამოყენების უნარზე. ანალოგიურად, ჩვენ შეგვიძლია
გამოვიყენოთ ღმერთის სივრცე და შევიგრძნოთ
ბიბლიაში ჩაწერილი გასაოცარი სამუშაოები.

სულიერი სივრცე არ არის სადმე სამყაროს ბოლოში.
ის ჩვენს ფიზიკურ სივრცესთან ძალიან ახლოს არის.
ზუსტად როგორც ღია ფანჯრიდან ვხედავთ სახლებს,
სულიერ სივრცესაც დავინახავთ, თუ კი სულიერი
სამყაროს კარიბჭე გაიღება.

ბიბლიაში, ჩვენ ვკითხულობთ ადმდგარი უფლის
შესახებ, რომელიც ზეცაში ადის. საქმე 1:9-ში წერია,
„ეს რომ თქვა, მათ თვალწინ ამაღლდა და ღრუბელმა
აიტაცა მათ თვალთაგან." იესო ზეცაში სულიერი
სივრციით ავიდა, რომელიც იმ სიმაღლეზე იდება,
რომელზედ ღრუბლები წარმოიქმნება. თუ კი სულიერ
სივრცეს ნათლად გავიგებთ, ჩვენ პასუხებს მივიღებთ

ბიბლიის უამრავ რთულ ნაწილზე. ასევე შეგვიძლია გვქონდეს სრულყოფილი რწმენა და ზეცის იმედი.

როგორც ჩანს, ყველა მამაკაცს არ აქვს სხვა არჩევანი, მაგრამ იცხოვრონ თავიანთი დროის და სივრცის საზღვრების თანახმად. მაგრამ ჩვენ დავძლევთ ასეთ შეზღუდვებს, თუ ვი ღმერთის ჭეშმარიტი შვილები გავხდებით. ბოროტი სულებიც ვი ვერ შეგვეხებიან. საბოლოოდ ზეციურ სამეფოში შევალთ, რომელიც მესამე ზეცაში მდებარეობს, სადაც ცოცხალ სულს, ადამსაც ვი არ შეექდლო ცხოვრება. გარდა ამისა, ჩვენ შევიგრძნობთ ღმერთის უსაზღვრო ძალას, რომელიც მეოთხე ზეცაშია. „ხოლო რაკი ძენი ხართ, ღმერთმა მოავლინა თქვენს გულებში თავისი ძის სული, რომელიც ღაღადებს: „აბბა, მამაო"! ასე რომ, მონა ვი აღარა ხარ, არამედ ძე: ხოლო თუ ძე ხარ, მემკვიდრეცა ხარ ღვთის მიერ" (გალათელთა 4:6-7).

სივრცე და განზომილება ღმერთის თვალში

როგორც პირველ ნაწილშია ნახსენები „სულიერი სამყაროს დიდი სივრცე", ადამიანთა გაშენების დაგეგმვის შემდეგ, მან თავდაპირველი სივრცე დაყო სხვადასხვა განზომილებებად. ზოგადად მან სივრცე დაყო ოთხ ზეცად, პირველი ზეციდან მეოთხე ზეცამდე. პირველი ზეცა არის ძალიან პატარა ნაწილი თავდაპირველ სივრცესთან შედარებით. როდესაც ღმერთმა სხვადასხვა სივრცეები შექმნა, მათ შორის მან ჩამოაყალიბა პრინციპი, რომელიც ბრძანებს, რომ უფრო მაღალ განზომილებას შეუძლია უფრო დაბალი განზომილებების დამორჩილება და მათი მართვა.

პირველი ზეცა, რომელიც ფიზიკური სამყაროა დედამიწის ჩათვლით, მზე და მთვარე და

ვერსკვლავები, რომლებსაც ჩვენ ვხედავთ, პირველი განზომილებაა. ეს არის ფიზიკური სამყარო, ამიტომ წარმავალია, ადამიანები კვდებიან და ასე შემდეგ. მეორე განზომილება არის სივრცე მეორე ზეცაში. მეორე ზეცა ზოგადად დაყოფილია სინათლის და სიბნელის ადგილებად. სინათლის ადგილას არის ედემი, რომელშიც ედემის ბაღი მდებარეობს. ედემის მახლობლად არის სიბნელის ადგილი, სადაც ბოროტი სულები ბატონობენ ჰაერში.

მესამე განზომილება არის ზეციური სამეფო, მესამე ზეცა. ეს არის ადგილი, სადაც ღმერთის გადარჩენილი შვილები სამუდამოდ იცხოვრებენ. მის ცენტრში არის ახალი იერუსალიმი, რომელშიც მდებარეობს ღმერთის ტახტი, იქ არის სხვადასხვა საცხოვრებელი ადგილები, რომლებიც განსხვავებულია ადამიანთა რწმენის ზომის თანახმად. მეოთხე განზომილება არის მეოთხე ზეცა და ეს არის სივრცე, სადაც თავდაპირველი ღმერთი არსებობდა როგორც ნათელი და ხმა. ეს არის მეოთხე ზეცა, საიდანაც ღმერთი მართავს ყველაფერს - მესამე, მეორე და პირველ ზეცებს - როდესაც გვიჩვენებს შექმნის სამუშაოებს, რომლებიც დროისა და სივრცის ზღვარს სცილდება.

ეს საიდუმლო ოთხ-განზომილებიანი სივრცე არის ღმერთის სივრცე. ეს არის ის ადგილი, სადაც თავდაპირველი ღმერთი არსებობდა და არის ძალიან ლამაზი სივრცე. იქ არავის შეუძლია ასვლა ღმერთი სამების და რამდენიმე ადამიანის გარდა, რომლებსაც განსაკუთრებული ნებართვა აქვთ ღმერთისგან.

ღმერთის სივრცე არის უსაზღვრო ადგილი, სადაც ღმერთი ყველაფერს ქმნის. ნივთიერებები შეიძლება არსებობდეს ნებისმიერი ფორმით, როგორიცაა თხევადი, გაზი და მყარი. მხოლოდ

იმ ადამიანებს შეუძლიათ ამ ადგილას შესვლა, რომლებსაც შესაბამისი კვალიფიკაცია აქვთ. ახლა მოდის განვიხილოთ ღმერთის ეს საიდუმლო და სასწაულებრივი ადგილი.

ღმერთის გული არის ღმერთის სივრცე

ადგილი, სადაც ღმერთი თავდაპირველად არსებობდა არის სულიერი სამყარო, რომელიც ჩვენი თვალებისთვის უხილავია. ეს იყო ერთი დიდი სივრცე და იმ დროს ფიზიკური და სულიერი სამყაროები არ იყო დაყოფილი. ღმერთი არსებობდა როგორც ლამაზი და ბრწყინვალე სინათლე, რომელსაც ჰქონდა ჰარმონიული ხმა. იგი ყველაფერს მარტო მართავდა.

თავდაპირველი ღმერთი მთელს სამყაროს თავის გულში მთავრელობდა. სხვა სიტყვებით რომ ვთქვათ, მთელი სამყარო მის გულში იყო მოთავსებული. ნება მომეცი მაგალითი მოგიყვანო რათა უკეთ გაიგო. თუ გახსოვს შენი მამული, შენ მას წარმოიდგენ და შეიძლება იფიქრო იმაზე, თუ როგორ გამოიყურება ახლა ის.

რაც შეეხება ღმერთს, მას სამყაროში ნებისმიერ ადგილას შეუძლია ყოფნა სივრცის და დროის საზღვრებს მიღმა. ჩვენ ღმერთის ამ თვისებას გამოვხატავთ სიტყვით „ყველგან მყოფი."

ფსალმუნნი 68:33-ში წერია, „ამაღლებული ქველთუქველეს ცათა ცაში – აჰერ ის გამოსცემს თავისი ხმით ძლიერების ხმას." „ამაღლებული ქველთუქველეს ცათა ცაში" ნიშნავს იმას, რომ ღმერთი მართავს მთელს სივრცეს პირველი ზეციდან დაწყებული მეოთხე ზეცით დამთავრებული. ეს ამბობს, რომ მისი ხმა არის ძლიერი, მაგრამ ეს ხმა

ჩვენი ყურებისთვის სმენადი არ არის. როდესაც ღმერთი თავდაპირველი შექმნის ხმით საუბრობს, ყველაფერი ემორჩილება მას.

ღმერთის სივრცის ქონა

ღმერთს სურს, რომ მის საყვარელ შვილებს ჰქონდეთ ღმერთის სივრცე და მართონ ყოველი სივრცე. მაგრამ არსებობს მდგომარეობა, რომლითაც შეძლებ ამ სივრცის ქონას, რადგან სიყვარულის და სამართლიანობის წესებია დაწესებული ღმერთის მიერ ადამიანთა გაშენებისათვის. სამართლიანობა არის წესი და პრინციპები. ზუსტად როგორც საზოგადოებისთვის და მანქანის ტარებისთვის არსებობს წესები, ასევე არსებობს ღმერთის კანონი და ეს არის ღმერთის სამართლიანობა.

მაშინ რას გულისხმობს სივრცის ფლობით? ეს ნიშნავს სივრცის ფლობა გულში. რა თქმა უნდა, ღმერთის სივრცის გულში ქონა არ ნიშნავს იმას, რომ ღმერთივით ყველგან მყოფები ვიქნებით. ეს უბრალოდ იმას ნიშნავს, რომ ამ ფიზიკურ სამყაროში ღმერთის სივრცის გადმოშლით შეიძლება არაჩვეულებრივი რაღაცეები მოხდეს.

ღმერთმა სივრცეები თავისი სამართლიანობითა და სიყვარულის გამომდინარე დააყო. თითოეული ზეცა შენარჩუნებულია ნაკლის გარეშე. მიზეზი იმისა, თუ რატომ აქვს თითოეულ სივრცეს განსხვავებული სამართლიანობის განზომილება არის ის, რომ თითოეულ ზეცას აქვს განსხვავებული სიყვარულის განზომილება. სიყვარულის და სამართლიანობის ერთმანეთისგან გამოყოფა შეუძლებელია. რაც უფრო ღრმა გახდება სიყვარულის განზომილება, მით უფრო

ღრმა იქნება სამართლიანობის განზომილებაც.

როდესაც იესომ მიუტევა ქალს, რომელმაც ღალატის ცოდვა ჩაიდინა, ეს იყო სიყვარულით, რომელიც სამართლიანობის დონეს აცდა (იოანე 8). როდესაც ქალი ღალატისას გამოიჭირეს, პირველი ზეცის კანონის მიხედვით მოსამართლეები მის ჩაქოლვას მოითხოვდნენ. მაგრამ იესომ, მეოთხე ზეცის კანონით, თქვა „არც მე განგსხჯი. წადი და ამიერიდან ნუღარა სცოდავ" (იოანე 8:11). ეს იყო სამართლიანობის ჭეშმარიტი სიყვარული.

ჩვენ მაშინ შეგვეძლება ღმერთის სივრცე გვქონდეს და თავისუფლად ვიმოძრავოთ ყველა სივრცეში, როდესაც მთლიანად ღმერთის სიყვარული და სამართლიანობა გვექნება. შემდეგ კი სულიერი სამყაროს წესებს გავიგებთ. იესო ყოველგვარი ცოდვის გარეშე მოვკდა ჯვარზე ცოდვილებისათვის. რადგან მას დიდი სიყვარული ჰქონდა, იესომ მოახდინა ღმერთის ძალის სასწაულები, როგორიც არის განუკურნავი ავადმყოფობების განკურნვა და ქარის და ტალღების დამშვიდება. მას ასევე შეეძლო იმ ადამიანების აზრების და ფიქრების კითხვა, რომლებიც პირველ განზომილებას ეკუთვნოდნენ.

ისინი, რომლებიც პირველ განზომილებაში არიან, შებოჭილნი არიან ფიზიკური სივრცის და დროის შეზღუდვებით. მაგრამ მას შემდეგ რაც იესო ქრისტეს მივიღებთ და თავიდან დავიბადებით სული წმინდით, ჩვენ განვთავისუფლდებით ასეთი შეზღუდვებისაგან და ჩვენს გულს სულის გულად ჩამოვაყალიბებთ. თუ კი სულის და მთლიანი სულის ადამიანები გავხდებით, რომლებიც სულიერ სამყაროში მდებარე მესამე განზომილებას ეკუთვნიან, სატანას და ეშმაკს,

რომლებიც მეორე განზომილებას ეკუთვნიან, ჩვენი შეემშინდებათ მიუხედავად იმისა, რომ ფიზიკურად პირველ განზომილებაში ვართ.

დაბადება 1:28-ში წერია, „აკურთხა ღმერთმა ისინი და უთხრა: ინაყოფიერეთ და იმრავლეთ, აავსეთ დედამიწა, დაეუფლეთ მას, ეპატრონეთ ზღვაში თევზს, ცაში ფრინველს, ყოველ ცხოველს, რაც კი დედამიწაზე დახოხავს." ადამი იყო ცოცხალი სული. იგი იყო სულიერი არსება, რომელიც მეორე ზეცაში ცხოვრობდა და მას ჰქონდა ძალაუფლება ემართა ყველაფერი, რაც პირველ ზეცაში იყო.

ანალოგიურად, თუ ღმერთის სიყვარული და სამართლიანობა გვექნება, რომელიც მეოთხე ზეცას ეკუთვნის, ჩვენ შევძლებთ ღმერთის ძალის ჩვენებას, რომელიც ასევე მეოთხე ზეცას ეკუთვნის და რომელიც ადამიანთა შეუზღუდვებს აღემატება. ამიტომ თქვა იესო ქრისტემ იოანე 14:12-ში „ჭეშმარიტად, ჭეშმარიტად გეუბნებით თქვენ: ვისაც მე ვწამვარ, საქმეს, რომელსაც მე ვაკეთებ, თვითონაც გააკეთებს, და მეტსაც გააკეთებს, ვინაიდან მე მამასთან მივალ."

შექმნის სამუშაები ხდება ღმერთის სივრცეში

ჩვენ რასაც გვინდა იმას მივაღწევთ, თუ კი ამას ღმერთის სივრცეში ვისურვებთ. უპირველეს ყოვლისა, იქნება შექმნის სამუშაები. როდესაც ღმერთმა შექმნა ზეცები და დედამიწაზე და მათში ყველაფერი, ეს იყო შექმნის სამუშაო. იესომაც გამოავლინა შექმნის სამუშაოები, რადგან იგი ფლობდა ღმერთის სივრცეს. ერთ-ერთი საუკეთესო მაგალითი არის მის სამღვდელოებაში მისი პირველი ნიშანი, რომელიც წყლის ღვინოდ გადაქცევა იყო.

ერთ დღეს იგი ქორწილში მივიდე და ღვინო აღარ იყო დარჩენილი. მარამ ღვთისმშობელს შეეცოდა მასპინძელი და იესოს დახმარება სთხოვა. თავდაპირველად იგი თითქოს უარს ეუბნებოდა მარიამს. მაგრამ მარიამი არ ყოფილა იმედდაცრუებული და თავისი შეუცვლელი რწმენა აჩვენა. მან კარგად იცოდა თუ ვინ იყო იესო და რომ მას წყლის ღვინოდ გადაქცევა შეეძლო. მარიამს სწამდა, რომ მას იესოსგან პასუხი უკვე მიღებული ჰქონდა და ამიტომ მსახურებს უთხრა რომ გააკეთებინათ ის, რაც მათ იესომ უთხრა.

იესომ დაინახა მარიამის რწმენა და მსახურებს უთხრა თასები აევსოთ. როდესაც მსახურებმა ექვსი წყლის თასი აავსეს, იესომ უთხრა მათ ცოტა გადმოესხათ და მთავარი მსახურისთვის მიეტანათ. სანამ მსახურებმა მთავარ მსახურამდე მიიტანეს თასი, წყალი უკვე ღვინოდ იყო გადაქცეული. ექვსი წყლით სავსე თასი ღვინით შეიცვალა.

ღმერთის სივრცეში ასეთი შექმნის სამუშაო შეიძლება მოხდეს, უბრალოდ გულში ქონით. რა თქმა უნდა, იესომ ასეთი შექმნის სამუშაოები მაშინ აჩვენა, როდესაც შესაფერისი შემთხვევა იყო ღმერთის სამართლიანობისათვის და არა ნებისმიერ დროს. ამ ნიშნის გამოვლენა იმიტომ გახდა შესაძლებელი, რომ მარიამის სრულყოფილი რწმენა საკმარისად კარგი იყო ღმერთის სამართლიანობის შესასრულებლად.

იესომ გამოკვება ათასობით ადამიანი ხუთი პურითა და ორი თევზით. რა იყო საჭირო ღმერთის სამართლიანობისთვის, ამ სასწაულის მოსახდენად? „ხოლო იესომ მოუხმო თავის მოწაფეებს და უთხრა: მეცოდება ეს ხალხი, რადგან უკვე სამი დღეა ჩემთან

არიან და არავერი აქვთ საჭმელი. არ მინდა, უზმოდ გავუშვა ისინი, რათა არ დაუძლურდნენ გზაში" (მათე 15:32).

ათასობით ადამიანი დარჩა იესოსთან ერთად სამი დღის განმავლობაში და სურდათ მისი ქადაგების მოსმენა. ისინი უსმენდნენ იესოს და ბედნიერებას გრძნობდნენ, როდესაც აკვადყოფი ხალხი ინკურნებოდა. მათი რწმენა იესოში სრულყოფილი იყო იმ მომენტში მაინც. ამ რწმენიდან გამომდინარე, იესოს სიყვარული დაემატა მას და ამან ღმერთის სამართლიანობა შეავსო სასწაულის მოსახდენად.

ცარფათის ქვრივმა შექმნის სასწაული გამოცადა

მსგავსი შექმნის სასწაულია ნახსენები 1 მეფეთა 17-ში. როდესაც ელია ციდონში წავიდა და ცარფათის ქვრივს შეხვდა, რომელიც ღმერთის სიტყვას ემორჩილებოდა, ეს ქვრივი გაჭირვებული იყო. ხანგრძლივი გვალვისაგან, მათ საჭმელი გაუთავდათ. მას მხოლოდ ერთი მუჭა ფქვილი და ცოტაოდენი ზეთი ჰქონდა დარჩენილი. ელიამ უთხრა მას პური გამოეცხო ამ ბოლო მუჭა ფქვილით. „რადგან ასე ამბობს უფალი, ისრაელის ღმერთი: ქოთანში ფქვილი არ გამოილევა და დოქში ზეთი არ დაიკლებს, ვიდრე უფალი წვიმას არ მოიყვანს ამქვეყნად" (3 მეფეთა 17:14).

ამის გამგონემ, ქვრივი დაემორჩილა მას. თუ კი სადი აზრით ვიტვიქრებთ, იგი არ იყო ისეთ სიტუაციაში, რომ ასე მოქცეულიყო. იგი ისეთ სიტუაციაში იყო, რომ ამ ცოტაოდენი პურის ჭამის შემდეგ მოკვდებოდა და ეს კაცი კი ამ ბოლო ლუკმას სთხოვდა. მას შეეძლო ეფიქრა, რომ ეს კაცი უსინდისო იყო. მაგრამ ეს ასე არ

მოხდა. ღმერთმა მას გააგებინა, რომ იგი ღმერთის კაცი იყო და იგი დაემორჩილა ელიას ნათქვამს.

შედეგად რა კურთხევა მიიღო ამ ქვრივმა? 3 მეფეთა 17:15-16-ში წერია, „წავიდა ქალი და ისე გააკეთა, როგორც ელიამ უთხრა: ჭამდა თვითონ, მისი სახლიც და ელიაც რამდენიმე ხანს. ქოთანში ფქვილი არ ილეოდა და დოქში ზეთი არ იკლებდა უფლის სიტყვისამებრ, როგორც ნათქვამი ჰქონდა ელიას პირით.“

„რამდენიმე ხანს“ აქ რამდენიმე დღეს კი არ ნიშნავს, არამედ ხანგრძლივ დროს. ფქვილი და ზეთის გაუთავებლობა შექმნის სამუშაოა. როგორ შეეძლო ელიას ასეთი შექმნის სამუშაოს გამოვლენა, რომელიც მხოლოდ ღმერთის სივრცეში შეიძლება გამოვლინდეს?

ელია არ ფლობდა ღმერთის სივრცეს, მაგრამ იმ მომენტისთვის მაინც, მან წაიკითხა და შეუზღუდავად მიიღო ღმერთის გული და ნება-სურვილი. „შეუზღუდავად“ ნიშნავს იმას, რომ მან წაიკითხა ღმერთის გული გარკვეული რაღაცის შესახებ გარკვეულ დროს. ზოგჯერ ღმერთი საშუალებას აძლევს ადამიანებს წაიკითხონ მისი გული მისი ნების შესასრულებლად.

ელისეემ ორმაგად მიიღო თავისი მასწავლებლის ელიას შთაგონება, მაგრამ როდესაც ღმერთმა მას მისცა საშუალება გაეგო, მან არც კი იცოდა რატომ იყო შუნამელი ქალი შეწუხებული. მას ეყოლა ვაჟი, რადგან მთელი ძალისხმევით ემსახურებოდა ღმერთის კაცს ელისეს. მაგრამ მოულოდნელად მისი ვაჟი გარდაიცვალა და იგი მაშინვე ელისესთან მივიდა. მაგრამ სანამ ქალმა ელისეს არ უთხრა თუ

რა მოხდა, მან არ იცოდა ქალის პრობლემა. „მივიდა ქალი ღვთისკაცთან მთაზე და ფეხებში მოეჭიდა. მივარდა გეხაზი, რომ გაერიდებინა მისგან, მაგრამ უთხრა ღვთისკაცმა: თავი დაანებე, რადგან სული აქვს გამწარებული, უფერთმა კი დამიმალა და არ გამოუცხადებია ჩემთვის" (4 მეფეთა 4:27).

იმისათვის, რომ ღმერთის გული წავიკითხოთ და მისი სივრცე გამოვიყენოთ, რთული იქნება მთლიანი სულის გულის ჩამოყალიბება და ამიტომ ღმერთს მივენდობით და მთლიანად მას დავემორჩილებით. მიზეზი იმისა, თუ რატომ გამოიყენეს ღმერთის სივრცე წინასწარმეტყველებმა ელიამ, აბრაამმა, მოსემ და პავლემ არის ის, რომ მათ მთლიანი სულის გული ჰქონდათ. როდესაც ღმერთმა რაიმეს გაკეთება უბრძანა, ისინი მიხვდნენ ღმერთის განზრახვას ამ ბრძანებაში. მათ იგრძნეს თუ როგორ იმუშავებდა ღმერთი და შეეძლოთ ამის გონებაში წარმოდგენა და ამიტომ მათ ჰქონდათ სულიერი გამბედაობა.

ელიამ გაბედულად ადიარა ცოცხალი ღმერთი და ზეციდან ჩამოიტანა ცეცხლი, რადგან მან გულში იგრძნო თუ რას იზამდა ღმერთი. იგივე შემთხვევა იყო, როდესაც ქვრივს უთხრა რომ თავისი ბოლო ლუკმა მიეცა. თუ კი ღმერთს მთლიანად ვენდობით, ჩვენ შევძლებთ ისეთ რალაცასაც დავემორჩილოთ, რასაც აზრი საერთოდ არ აქვს. შექმნის სამუშაო ქვრივისთვის იმიტომ მოხდა, რომ ელიამაც და ქვრივმაც ადასრულეს ღმერთის სამართლიანობის ზომა.

ქვრივი ენდო ღმერთის კაცს, ელიას, და მას მისი სიტყვის ისე სწამდა, როგორც ღმერთის სიტყვის. იგი ყოყმანის გარეშე დაემორჩილა მის სიტყვას. ამ გზით, მას შეეძლო მონაწილეობის მიღება ღმერთის

სივრცეში, რომელსაც ელია იყენებდა.
2 ნეშთთა 20:20-ში წერია:

დაენდეთ უფალს, თქვენს ღმერთს, მტკიცედ იდექით. გწამდეთ მისი წინასწარმეტყველებისა და მოგებართებათ ხელი.

ელიამ გამოიყენა ღმერთის სივრცე, რომელიც მხოლოოდ ღმერთს ეკუთვნის. ქვრივი მთლიანად ელიას ენდო და ამიტომ ღმერთის სივრცე მათზე ჩამოვიდა და დაინახეს შექმნის სამუშაო. როგორც ზემოთ ხსენებულ შემთხვევაში მოხდა, ღმერთი ხალხს თავისი სივრციით მოიცავს, თუ კი რწმენითა და მორჩილებით ისინი შეუერთდებიან ღმერთის ადამიანებს, რომლებიც იყენებენ ღმერთის სივრცეს.

დანიელის სამი მეგობარი, რომლებიც უკვნებლები გამოვიდნენ ღუმელიდან

დანიელის სამი მეგობარი ღუმელში ჩააგდეს მხოლოოდ იმიტომ, რომ თაყვანი არ სცეს კერპებს. ღუმელი შვიდჯერ უფრო ცხელი იყო ვიდრე ჩვეულებრივ და ჯარისკაცები, რომლებმაც ისინი ღუმელში ჩააგდეს, დამწვრობისგან გარდაიცვალნენ. რასაკვირველია ეს დანიელის სამი მეგობარიც უნდა მომკვდარიყვნენ. მაგრამ რა მოხდა სინამდვილეში?
დანიელი 3:24-25-ში წერია, „წამოვარდა შეშინებული მეფე ნაბუქოდონოსორი და თავის უმაღლეს მოხელეებს ჰკითხა: „სამი კაცი არ ჩავაგდეთ ცეცხლში?“ მათ მეფეს მიუგეს: „დიახ, მეფეო“. მაშინ მან თქვა: „აი ოთხ კაცს ვხედავ ცეცხლის შუაგულში, თავისუფლად დადიან უვნებლები; მეოთხე

გარეგნობით ღმერთეების ძეს ჰგავს“.

უდავოდ იქ სამი ადამიანი იყო, რომლებიც ღუმელში ჩააგდეს, მაგრამ მან ოთხი კაცი დაინახა. მეფეს ეგონა, რომ ერთ-ერთი მათგანი ღმერთეების ძე იყო. არსებითად ადამიანები ვერ ხედავენ სულიერ არსებებს, მაგრამ ღმერთმა გაუღო მეფეს სულიერი თვალები და საშუალება მისცა სულიერი არსება დაენახა. როდესაც ღუმელიდან სამი კაცი გამოვიდა, ხახლმა დაინახა, რომ ცეცხლს არანაირი ეფექტი არ ჰქონდა ამ კაცების სხეულებზე (დანიელი 3:27.

როგორ შეიძლებოდა ასეთი რამ მომხდარიყო? მიზეზი იმისა, თუ რატომ იყვნენ დანიელის მეგობრები დაცული არის ის, რომ ღმერთის სიოვრცემ დაიფარა ისინი. ჩვენ ფრაზიდან შეგვიძლია დავასკვნათ, რომ „ღმერთეების ძის“ მსგავსი კაცი მათთან ერთად იყო. რა თქმა უნდა, ეს არ არის „ღმერთეები“, არამედ ღმერთი, მაგრამ მეფემ ასე იმიტომ სთქვა, რომ წარმართების ღმერთეების მორწმუნე იყო იგი.

მაშინ ვინ იყო ეს „ღმერთეებს ძე“? ეს იყო ღმერთი სული წმინდა. თვით ღმერთი სული წმინდა მივიდა მათთან და ღმერთის სივრცე გადააფარა იმ ფიზიკურ სივრცეს.

მოსემ მარას მწარე წყალი ტკბილ წყლად გადააქცია

გამოსვლის 15-ე თავი აღწერს შემთხვევას, როდესაც მარას მწარე წყალი ტკბილ წყლად გადაიქცა და ასევე ეს არის შემთხვევა, რომელიც ღმერთის სივრცეში მოხდა. ისრაელის შვილებმა გადაკვეთეს წითელი ზღვა და მივიდნენ უდაბნოში და სამი დღის განმავლობაში წყალი არ ჰქონდათ. მარასთან

მახლობლად იპოვნეს წყალი, მაგრამ ეს წყალი მისი სიმწარის გამო არ იყო დასალევად ვარგისი. ამის შემდეგ მათ ჩივილი დაიწყეს მოსესთან. როდესაც მოსემ ამის შესახებ ილოცა, ღმერთმა მას ხე აჩვენა. როდესაც მან ეს წყალში ჩააგდო, წყალი გატკბილდა. იმას ნიშნავს ეს, რომ ხეს რაღაც ელემენტები ჰქონდა, რომლებმაც წყლის ბემო შეცვალეს? არა. ღმერთმა წყალი ღმერთის სივრცით მოიცვა და ცხადად გამოავლინა შექმნის სამუშაო მოსეს რწმენიდა და მორჩილებს მხედველობაში მიღებით.

მსგავსი შექმნის სამუშაო იქნა ნაჩვენები ჩვენს ევლესიაშიც. სუელში ვილოცე, რომ მუანის მარილიანი წყალი ტკბილ წყლად გადააქცეულიყო და ლოცვაზე პასუხი მივიღე.

წყალი მუანის მანმინის ევლესიის ჭიდან იყო. ეს მდებარეობს ჰეიე მიეონში, მუან გუნი, იეონამის პროვინცია. ის მთლიანად ზღვით არის გარშემორტყმული და როდესაც ჭა გათხარეს, მხოლოდ მარილიანი ზღვის წყალი ამოდიოდა. მათ დააყენეს მილსადენი 3 კილომეტრში მდებარე ადგილიდან სუფთა წყლის მისაღებად, მაგრამ მაინც არ ჰქონდათ საკმარისი დასალევი წყალი. მუანის მანმინის ევლესიის წევრებს ახსოვდათ მარაში მომხდარი სასწაული და სწამდათ, რომ აქაც მსგავსი რამ მოხდებოდა და ამისათვის ილოცეს. მრავალჯერ მთხოვეს მუანში ჩავსულიყავი და მელოცა წყლისათვის.

2000 წლის თებერვალს, ათდღიანი მთის ლოცვის სესია მქონდა და განსაკუთრებულად ვილოცე მუანის მანმინის ევლესიისათვის. ამავე დროს მუანის მანმინის ევლესიის წევრებმაც დაიწყეს მარხვა და

ლოცვა ჩემთვის და ეკლესიისთვის და ათი დღის განმავლობაში ეკლესიის თავზე მრგვალი ფორმის ცისარტყელას ხედავდნენ.

ჩემი მთის ლოცვის დასრულების შემდეგ, სული წმინდად ჩამაგონა მელოცა მუანის მარილიანი წყალი ტკბილი ყოფილიყო. მუანში ჩემით არ ჩავსულვარ ჭისთვის სალოცავად, მაგრამ ღმერთმა ჩემი ლოცვებით წყალი დასალევად ვარგისი გახადა.

ჩემმა ლოცვამ და ეკლესიის წევრების რწმენამ აღასრულეს ღმერთის სამართლიანობა და შესაძლებელი გახადეს ეს სასწაული. დღესაც მუანის მანშინის ეკლესიის ჭაში ტკბილი წყალია. ეს იმიტომ, რომ იგი მოცულია შემოქმედი ღმერთის სივრცით. მუანის ტკბილი წყალი შემოწმებულ იქნა FDA-ს მიერ და დამტკიცდა ჯანსაღ წყლად, რომელიც მდიდარია მინერალებით.

მკვდრები ცოცხლდებიან

ღმერთის სივრცეს არა მარტო შექმნის სამუშაოს გამოვლენა, არამედ სიცოცხლის და სიკვდილის გაკონტროლებაც შეუძლია. მას შეუძლია მკვდრის გაცოცხლება ან ცოცხალის მოკვლა. ეს არის იმ ყველაფრისთვის, რასაც სიცოცხლე აქვს - მცენარეები ან ცხოველები.

რიცხვნის 17-ე თავში წერია აარონის კვერთხის შესახებ, რომელსაც კვირტები გამოეღო. ეს შესაძლებელი იყო იმიტომ, რომ ღმერთის სივრცით იყო მოცული. კვერთხი დაიკვირტა, გაიფურჩქნა და მწიფე ნუში მოიბა ერთ დღეში. ცოცხალ ხესაც კი ამისათვის თვეები დაჭირდებოდა, მაგრამ ეს მოხდა ერთ დღეში და ეს იყო მშრალი კვერთხი, რომელმაც

მოიბა ნაყოფი. ეს შესაძლებელი იყო იმიტომ, რომ კვერთხი ღმერთის სივრცით იყო მოცული.

როდესაც იესომ ლეღვის ხე დააწყევლა, მალე ხე მოკვდა და ასევე ეს იმიტომ მოხდა, რომ ხე ღმერთის სივრცით იყო მოცული. დაინახა გზის პირას ერთი ლეღვის ხე, და რაკი ზედ ფოთლების მეტი ვერაფერი ნახა, უთხრა მას: აღარასოდეს გამოგეღოს ნაყოფი უკუნისამდე. და მაშინვე გახმა ლეღვის ხე. ეს რომ იხილეს, გაუკვირდათ მოწაფეებს და თქვეს: რა უცებ გახმა ლეღვის ხე?" (მათე 21:19-20)

იგივე მოხდა მაშინ, როდესაც მკვდარი ლაზარე გააცოცხლა იესომ. იოანე 11-ე თავში ჩვენ ვკითხულობთ, რომ ლაზარე ოთხი დღის განმავლობაში მკვდარი იყო და გვამსაც ცუდი სუნი ასდიოდა. მაგრამ როდესაც მას იესომ დაუძახა, სული დაუბრუნდა მასთან და მისი გამოფიტული სხეული აღდგა.

ერთი მოზარდი ბიჭი იყო ჩვენს ეკლესიაში, რომელმაც მხედველობა მთლიანად დაკარგა ერთ თვალში, მაგრამ აღუდგა. მას სამი წლის ასაკში კატარაქტის ოპერაცია ჰქონდა მარცხენა თვალზე, მაგრამ გვერდით მოვლენებად მას ჰქონდა მძიმე უვეიტი და თვალის ბადისებრი გარსის გამოყოფა. მისი ბადურა იქულარიდან გამოვიდა და კარგად ვეღარ ხედავდა. მას ასევე ჰქონდა თვალის კაკლის შემცირება. საბოლოოდ 2006 წელს მარცხენა თვალში მხედველობა დაკარგა.

მაგრამ 2007 წლის ივლისში ლოცვის საშუალებით მხედველობა დაიბრუნა. მისმა შემცირებულმა თვალის კაკალმაც ნორმალური ზომა მიიღო. ეს შემთხვევა წარდგენილ იქნა დეტალურ სამედიცინო

დოკუმენტებთან ერთად 41 ქვეყნიდან 220-ზე მეტ ექიმთან ნორვეგიაში ჩატარებული მეხუთე საერთაშორისო ქრისტიანულ სამედიცინო კონფერენციაზე და არჩეულ იქნა როგორც ყველაზე ამაღელვებელი შემთხვევა.

იგივე პრინციპი ვრცელდება ყველა სხვა ორგანოებზე, ქსოვილებზე ან ნერვებზე. მაშინაც კი, თუ ნერვები ან უჯრედები და ქსოვილები მკვდარია უბედური შემთხვევის ან დაავადების გამო, მათი აღდგენა შესაძლებელი იქნება თუ ღმერთის სივრცით დაიფარება. შეზღუდული შესაძლებლობის მქონე ადამიანების გამოჯანმრთელებაც კი შესაძლებელია ღმერთის სივრცეში. გარდა ამისა, დაავადებები, რომლებიც მიკრობებისგან ან ვირუსებისგან არის გამოწვეული, მაგალითად როგორიც არის კიბო, შიდსი, ტუბერკულოზი, გაციება ან სიცხე, შეიძლება განიკურნოს ღმერთის სივრეში.

დაავადებების შემთხვევაში, სული წმინდის ცეცხლი მოდის და ჯერ ვირუსებს და მიკრობებს წვავს. შემდეგ, სხეულის ნაწილი, რომელიც დაავადებისგან არის დაზიანებული, აღდგება. უნაყოფო წყვილებიც კი, თუ კი სხეულის ნაწილი, რომელსაც პრობლემა აქვს ღმერთის სივრცის ქვეშ მოხვდება და აღდგება, მათ შვილი ეყოლებათ. მაგრამ იმისათვის, რომ დაავადებებისგან და უნაყოფობისგან განიკურნო ღმერთის სივრცეში, თითოეული ჩვენთაგანი უნდა აკმაყოფილებდეს ღმერთის სამართლიანობის კვალიფიკაციებს.

სამუშაოები, რომლებიც აბიჯებს დროსა და სივრცის საზღვრებს

ღმერთის სივრცეში ძალის სამუშაოები შეიძლება მოხდეს დროისა და სივრცის საზღვრებს მიღმა. ეს იმიტომ არის შესაძლებელი, რომ ღმერტის სივრცე სხვა განზომილებებს იმორჩილებს. ფსალმუნნი 19:4-ში წერია, „თუმცა მათი საზომი მთელ დედამიწაზეა გადაჭიმულიცდა მათი სიტყვები ქვეყნიერების კიდეებს სწვდება. მათში დაუდგა კარავი მზეს.“ ეს იმას ნიშნავს, რომ მეოთხე ზეციდან დაძახილი ღმერთის სიტყვა სამყაროს ბოლომდე მიდის.

სინათლე დედამიწის გარშემო ერთ წამში შვიდ ნახევარჯერ მოგზაურობს. მაგრამ ღმერთის სინათლე არა მხოლოდ დედამიწის ბოლოს მიწვდება, არამედ სამყაროს ბოლოსაც თვალის დახამხამებაში. ფიზიკურ მანძილს არანაირი მნიშვნელობა არ აქვს ღმერთის სივრეში.

მათეს მერვე თავში ცენტურიონი მივიდა იესოსთან და სთხოვა მისი ერთ-ერთი მსახურის განკურნვა. იესომ უთხრა, რომ მასთან ერთად წავიდოდა, მაგრამ მან თქვა „უფალო, არა ვარ იმის ღირსი, რომ ჩემს ჭერქვეშ შემოხვიდე; არამედ მხოლოდ სიტყვა ბრძანე და განიკურნება ჩემი მსახური“ (სტროფი 8), იესომ ვი უპასუხა მას, „წადი და შენი რწმენისამებრ მოგეგოს შენ“ (სტროფი 13). და მისი მსახური მაშინვე განიკურნა.

ავადმყოფი ადამიანი განკურნა სხვა ადგილას, როდესაც იესომ უბრძანა მისი სიტყვებით, რადგან იგი ფლობდა ღმერთის სივრცეს. ცენტურიონმა იმიტომ მიიღო ასეთი კურთხევა, რომ მან იესოში დიდი რწმენა გამოავლინა. იესომაც მოწონებით მიმართა მის რწმენაზე „ჭეშმარიტეას გეუბნებით: ისრაელში არავის შევხვედრივარ, ასეთი დიდი რწმენა რომ

ჰქონოდა“ (სტროფი 10).

იმ შვილებისათვის, რომლებიც რწმენაში გაერთიანებულნი არიან მასთან, ღმერთის ყოველთვის ავლენს თავის ძალას დროისა და მანძლის საზღვრებს მიღმა. პაკისტანში სინტია კვდებოდა კუჭ-ნაწლავის მძიმე პრობლემებისგან. სინტიას და იმ დროს კორეაში იყო და სინტიას ფოტო მომიტანა, რათა ფოტოზე მელოცა. განკურნვა მოხდა დროისა და მანძილის საზღვრებს მიღმა. ამერიკაში, რობერტ ჯონსონმაც მიიღო განკურნვა ამ გზით. მას სიარული არ შეეძლო მძიმე ტკივილების გამო. მას უთხრეს, რომ ოპერაცია აუცილებელი იყო, მაგრამ კორეაში მისთვის შეწირული ლოცვებით იგი მთლიანად გამოჯანმრთელდა ყოველგვარი ქირურგიული პროცედურის გარეშე მხოლოდ ცხრა კვირაში. ეს იყო ღმერთის ძალის სამუშაო, რომელიც ღმერთის სივრცეში მოხდა.

პავლე მოციქულის საოცარი სასწაულები

საქმე 19-ე თავში წერია, რომ ღმერთი პავლეს ხელებით გასაოცარ სასწაულებს ავლენდა. როდესაც იესოს სახელით მან ბრძანა, ბოროტი სულები წავიდნენ და განკურნების სამუშაოები მოხდა მხოლოდ ცხვირსახოცზე ან წინსაფარზე შეხებით. მას ზიანი არ მიუღია, როდესაც შხამიანმა გველმა უკბინა და ასევე იწინასწარმეტყველა. ”ხოლო ღმერთი მრავალ სასწაულს ახდენდა პავლეს ხელით. ასე რომ მის ნაქონ ხელსახოცებს თუ წელსაკრავებს თვით სნეულთაც კი აფენდნენ, რომელნიც იკურნებოდნენ და უკეთური სულები გამოდიოდნენ მათგან” (საქმე 19:11-12).

მსგავსად, ღმერთის ძლიერი სამუშაოები ღმერტის სივრცეში შეიძლება მოხდეს ისეთი ნივთების

საშუალებითაც კი, როგორიც არის ცხვირსახოცი. ასევე ჩემი ლოცვებითაც მრავალი განკურნების სამუშაო გამოვლინდა მხოლოდ ცხვირსახოცზე ლოცვით. მანამ, სანამ ღვთის სამართლიანობა არ დაირღვევა, ღმერთის ძალა არასოდეს გაქრება. ამიტომ, ცხვირსახოცი, რომელიც შეიცავს ღმერთის ძალას არის ძალიან ძვირფასი რამ, რადგან მას შეუძლია ღმერთის სივრცის გაღება დროისა და ადგილის მიუხედავად.

მაგრამ თუ მას ურწმუნოდ გამოიყენებს ადამიანი, რომელსაც არ აქვს რწმენა, არ გამოვლინდება ღმერთის სამუშაო. არა მხოლოდ იმ ადამიანს უნდა ჰქონდეს ღმერთის სამართლიანობის კვალიფიკაციები, რომელიც ლოცულობს ცხვირსახოცით, არამედ ის ადამიანიც, რომელიც ლოცვას იღებს. მათ უნდა წამდეთ, რომ ცხვირსახოცში ღმერთის ძალაა. იმ ადამიანის რწმენა, რომელიც ლოცულობს ავადმყოფი ადამიანისათვის და ავადმყოფი ადამიანის რწმენა, ზუსტად გაიზომება და ღმერთის ძალა იმდენად გამოვლინდება, რამდენადაც ისინი არიან ღმერთის ძალასთან შესაბამისად.

მართალმა ისუმ შეაჩერა მზე და მთვარე

მიზეზი იმისა, თუ რატომ შეუძლიათ მაღალ განზომილებებს დაბალი განზომილებების დამორჩილება არის სინათლის ძალისა და დროის დინების განსხვავება. რაც უფრო მაღალი სივრცის განზომილებაა, მით უფრო ჯაშჯაშაა სინათლე და სწრაფია დროის დინება. მეოთხე ზეცის სინათლე არის ყველაზე ჯაშჯაშა და შემდეგ მესამე ზეცის და მეორესი.

რაც შეეხება დროის დინებას, მეორე ზეცაში უფრო სწრაფია ვიდრე პირველ ზეცაში და მესამე

ზეცაში კიდევ უფრო სწრავია. მაგრამ მეოთხე ზეცაში შეიძლება სწრავი, შეიძლება ნელი იყოს. იგი მაშინ მოქმედებს, როდესაც ღმერთის მას გულში ინახავს. ღმერთს შეუძლია მისი გაჭიმვა, დამოკლება ან გაჩერებაც კი.

შექმნის სამუშაოები, კვვდრის გაცოცხლება და ღვთაებრივი განჯურნებები, ეს ყველაფერი შესაძლებელი გახდა დროის დინებით, რომელიც შეჩერდა.

როდესაც ისუს ამორევეელებთან ბრძოლა ჰქონდა, მზე და მთვარე გაჩერდნენ და ეს იყო „დროის დინების გაჭიმვა". ისუნავე 10:13-ში წერია, „დადგა მზე და არ დაქრულა მთვარე, ვიდრე თავის მტრებს არ გაუსწორდა ხალხი." რა არის ფაქტორები, რომლებმაც შეიძლება გამოიწვიონ პირველ ზეცაში მზის შეჩერება მთელი დღის განმავლობაში პირველ?

დღეში ერთიხელ დედამიწამ უნდა იბრუნოს და თუ კი მზე შეჩერდება, დედამიწამაც უნდა შეწყვიტოს ბრუნვა. თუ კი დედამიწა ბრუნვას ერთი წამითაც შეწყვეტს, ზემოქმედება ძალიან დიდი იქნება არა მხოლოდ დედამიწისთვის, არამედ ბევრი სხვა ციური სხეულებისთვისაც. მაგრამ როგორ გაჩერდა მზე მთელი დღის განმავლობაში?

პასუხი შეგვიძლია ღმერთის სივრცეში ვიპოვნოთ. იმ მომენტში ღმერთმა ღმერთის სივრცით არა მხოლოდ დედამიწა მოიცვა, არამედ მთელი პირველი ზეცა. ამგვარად, იმ მომენტში მაინც, ყველაფერი პირველ ზეცაში სინქრონიზებული იყო დროის დინებით სულიერ სამყაროში. ეს იყო გაჭიმული დროის დინება. მზე შეჩერდა მთელი დღის განმავლობაში, ამიტომ ხალხს შეიძლება ეგრძნო, რომ თითქოს დიდი დრო

გავიდა. მაგრამ სინამდვილეში, ეს შეიძლებოდა ყოფილიყო მხოლოდ ერთი წუთი ან ერთი წამიც კი.

იმ დროს, მთელი პირველი ზეცა სულიერი სამყაროს დროის დინებაზე იყო, ამიტომ ფიზიკური დროის დინება საერთოდ არ მოქმედებდა.

ელია მეფის ეტლზე სწრაფად გარბოდა

ბიბლიაში, ჩვენ ვკითხულობთ ერთ შემთხვევას, რომელშიც ადამიანი დროის შემცირებულ დინებაში იყო. ეს იყო, როდესაც ელია მეფის ეტლზე სწრაფად გარბოდა, რომელიც ჩაწერილია 1 მეფეთა 18-ში. შემცირებული დროის დინება არის გაჩიმული დროის დინების საპირისპირო. წარმოიდგინე ადამიანი მოცულია მეოთხე განზომილების სივრციით ერთი საათის განმავლობაში ფიზიკური დროით. ღმერთის სივრცეში, მას ამ ერთი საათის შემცირება ისე შეუძლია, როგორც მას სურს. თუ კი იგი მას 30 წუთით შეამცირებს, ეს იმას არ ნიშნავს, რომ მეორე 30 წუთი გაქრება. ეს იმას ნიშნავს, რომ ერთი საათი შეკუმშულია 30 წუთში.

მაგალითად, წარმოიდგინე 100 მეტრის სიგრძის ნაჭერი გაშალე და ერთი ბოლოდან მეორე ბოლოში გაიქეცი და მხოლოდ 20 წამი გავიდა. თუ კი ნაჭერს ნახევრად გადააკეცავ, რამდენი დრო დაგჭირდება? თუ ეს 50 მეტრი იქნება, მაშინ დაახლოებით 10 წამი დაგჭირდება. ნაჭერს კიდევ თუ გადააკეცავ, სიგრძე მოკლდება და დროც მცირდება. მაგრამ ნაჭერი არ გამქრალა.

გარკვეულწილად ანალოგიურია ღმერთის სივრცეში დროის შემცირება. ელია საკუთარი სისწრაფით გარბოდა, მაგრამ მას შეეძლო მეფის ეტლზე სწრაფად

სირბილი, რადგან იგი შემცირებულ დროის დინებაშ იყო. ჩვეულებრივ, კომერციული თვითმფრინავები დააფრინავენ დაახლოებით 900 კილომეტრის სიჩქარით, მაგრამ თვითმფრინავში მყოფი მგზავრები სისწრაფეს ვერ გრძნობენ.

3 მეფეთა 18:46-ში ვკითხულობთ, „იეჰოვას ხელი იყო ელიასთან; მან კალთები აიკეცა, გაიქცა და ახაბზე ადრე ჩავიდა იზრეელში.“ მეფე ახაბი სწრაფად მიდიოდა თავისი ეტლით, რათა წვიმა აეცილებინა თავიდან და ელია მის ეტლზე სწრაფად მირბოდა. ეს იმიტომ, რომ მან გამოიყენო ღმერთის სივრე, რომელსაც არ აქვს დროის და სივრცის საზღვრები. ბიბლია ამბობს, რომ „იეჰოვას ხელი იყო ელიასთან“. ღმერთის ძალით, ელიას სხეული მისი ძალით დაითვარა და ისეთი რაღაც მოხდა, რაც ადამიანის შესაძლებლობებს აღემატება.

სულიერ სივრცეში მოძრაობა

საქმეს მერვე თავში ფილიპემ მიიღო სული წმინდის წინამძღოლობა, რათა ეთიოპ საჭურისს შემხვდარიყო იერუსალიმის გზაზე. მან იესო ქრისტეს სახარება უქადაგა ამ საჭურისს და მონათლა კიდეც. ფილიპე უდაბნოში იყო გაზას გზაზე, მაგრამ ერთ წამში აზოტეში გაჩნდა. სინამდვილეში ეს იყო მოძრაობა სულიერ სივრცეში, „ტელეპორტაციის“ მსგავსი. „წყლიდან ამოვიდნენ თუ არა, ფილიპე წარიტაცა უფლის სულმა, ასე რომ, საჭურისმა ვეღარ იხილა იგი და გახარებული გაუდგა თავის გზას. ფილიპე კი აზოტეში აღმოჩნდა; მიდიოდა და ახარებდა ყველა ქალაქს, ვიდრე მივიდოდა კესარიაში“ (საქმე 8:39-40).

იმისათვის, რომ ტელეპორტაცია მოხდეს, ადამიანმა

უნდა გადაკვეთოს სულიერი კორიდორები, რომლებიც
ღმერთის სივრციით არის შექმნილი. როდესაც დროის
დინება შეჩერდება ამ სულიერ კორიდორში, ადამიანი
შეძლებს ტელეპორტაციას.

ღმერთმა ჩვენი ეკლესიის წევრებს საშუალება მისცა
არაპირდაპირ გამოეცადათ ასეთი მოძრაობა სულიერ
სივრცეში. ეს მოხდა ნემსიყლაპიების მეშვეობით.
ნემსიყლაპიები, რომლებიც სხვა ადგილებში იყვნენ
იქ მოვიდნენ სადაც ჩვენ ვიყავით და გაკრნენ სულიერ
კორიდორებში, რომლებიც შექმნილი იყო ღმერთის
სივრციით.

ნემსიყლაპიების გუნდი გაჩნდა იქ, სადაც ჩვენ
ვიყავით და შეჭამეს კოდლოები და სხვა მავნე მწერები.
იმ დროს, უფრო დიდი ნემსიყლაპიები ერთი
ადგილიდან მეორე ადგილას გადავიდნენ. ეს იყო
2006 წელს, როდესაც ნემსიყლაპიებმა პირველად
დაიწყეს ამ გზით მოძრაობა. ამის დაყოფა შეიძლება
ორ კატეგორიად, ჰორიზონტალური და ვერტიკალური
მოძრაობა, სულიერი კორიდორის თანახმად.

უფრო მეტად გასაოცარი ის არის, რომ როდესაც
ეკლესიის წევრებმა ნემსიყლაპიებს დაუქახეს, მათ არ
ეშინოდათ ხალხის და თითებზე და სხეულის სხვა
ნაწილებზე დააჯდნენ მათ. ნემსიყლაპიები იმიტომ
არიან კეთილისმყოფელნი, რომ ზაფხულში ისინი
მავნე მწერებს ჭამენ. მახსოვს, რომ ჩემს ბავშვობაში
ძალიან რთული იყო ერთი ნემსიყლაპიის დაჭერა.
ისინი გაფრინდებოდნენ ხოლმე, როდესაც ადამიანთა
სიახლოვეს იგრძნობდნენ. უკვე კარგა ხანია რთულია
ერთი ნემსიყლაპიის დანახვაც კი სეულში და მათი
გუნდის გამოჩენა უეჭველად ღმერთის სამუშაოა.

მომდევნო წელს, 2007-ში, ნემსიყლაპიებმა გამოჩენა
ივლისის დასაწყისში დაიწყეს. ჩვეულებრივ ისინი

ზაფხულის ბოლოს ჩნდებიან ხოლმე. როდესაც ნემსიყლაპიები, რომლებიც ჯერ ვიდევ ლიფსიტები იყვნენ, სულიერ კორიდორებში გადიოდნენ, ეს ლიფსიტები გაიზარდნენ. როდესაც მეოთხე განზომილების სივრცეში გადიოდნენ, მათი ზრდა აჩქარდა. ამიტომ, ნემსიყლაპიებს გამოჩენა უფრო ადრე შეეძლოთ, ვიდრე ჩვეულებრივ.

გარდა ამისა 2008 წელს, არა მხოლოდ მათი გამოჩენის დრო, არამედ ნემსიყლაპიების რაოდენობაც გაკონტროლებული იყო. ურიცხვმა ნემსიყლაპიების გუნდებმა დაიწყეს ციდან ცამოსვლა ივლისის პირველ ვვირას. ჩვენი ევლესიის სხვადასხვა მისიების ჯგუფვებს ჰქონდათ შესაბამისი საზაფხულო განმარტოება სამხრეთ კორეის სხვადასხვა ადგილებში და ყველა ევლესიის წევრმა იხილა ვერტიკალურად ციდან ჩამოსული ნემსიყლაპიები. ნემსიყლაპიები არ წასულან სხვა ადგილებში.

საზაფხულო განმარტოების თემა იმ წელს იყო „სულიერი სივრცე“ და მორწმუნეები სიხარული უზარმაზარი იყო. მათ ესმოდათ მოწოდება, რადგან რეალური მაგალითი ნახეს ნემსიყლაპიებისა, რომლებიც მოძრაობდნენ სულიერ სივრცეში და მათთან მიდიოდნენ. ამ განმარტოებით ევლესიის წევრების რწმენა საგრძნობლად გაიზარდა. მსგავსი რამ მოხდა ყველა ევლესიის ფილიალში არა მარტო კორეაში, არამედ მთელს მსოფლიომში.

ასევე 2009 წელს მოხდა ანალოგიური შემთხვევა. თითოეულ მისიის ჯგუფს ჰქონდა შესაფერისი საზაფხულო განმარტოება და უფრო მეტი ნემსიყლაპია მიფრინდა ვიდრე წინა წლებში. მორწმუნეებმა დაინახეს ათი ათასობით ნემსიყლაპია, რომლებიც მზის მხრიდან მოფრინავდნენ, სულიერი

სივრცის გავლით, რომელიც ღია იყო. ისინი კაშკაშებდნენ და თოვლის ფანტელებს გავდნენ.

როდესაც ისრაელის შვილები წითელ ზღვას კვეთავდნენ, იქ სულიერი კორიდორი გაიხსნა მათთვის. როგორი ძლიერი უნდა ყოფილიყო ქარი, რომ ზღვა გაეყო! ადამიანი ვერ შეძლებდა ასეთ ქარში დგომას. მაგრამ ორ მილიონზე მეტმა ადამიანმა მშვიდობიანად გაიარა წყალს შორის. ეს იმიტომ, რომ სულიერი კორიდორი შეიქმნა ქარის დასახლოკად, რათა ხალხი არ დამაჟებულიყო. მაშინ, რა მოხდა, როდესაც იორდანეს კვეთავდნენ კანაანში მისასვლელად?

იესონავე 3:15-16-ში წერია, „როგორც კი კიდობნის მტვირთველები მიადგნენ იორდანეს და ფეხი ჩადგეს ნაპირის წყალში (მკათათვეში ნაპირებზე გადმოდის იორდანე), დადგა დაღმა მდინარი წყალი და ერთ კედლად აღიმართა კარგა მანძილზე ქალაქ ადამიდან, ცართანის გვერდით რომ არის. უდაბურ ზღვაში, ანუ მარილოვან ზღვაში ჩამდინარი წყალი კი დაიწრიტა და შეწყდა. იერიხონის პირდაპირ გადიოდა იორდანეზე ხალხი.“

ამ დროს სულიერი სივრცეში კამხალის მსგავსი იფორმა მიიღო.

სხვადასხვა გზები, რომლებშიც სულიერი კორიდორები იქნა გამოყენებული

თუ კი სულიერ კორიდორებს კარგად გამოვიყენებთ, მაშინ ამინდის მდგომარეობის შეცვლასაც შევძლებთ. მაგალითად, წარმოიდგინე ორი გარკვეული ადგილია გასაჭირში, ერთგან წყალდიდობაა და მეორე ადგილას კი გვალვა. თუ კი წვიმის ღრუბლებს გადავააადგილებთ

წყალდიდობის ადგილიდან მშრალ ადგილას, მაშინ ორივე ადგილის პრობლების მოგვარებას შევძლებთ.

ისრაელის მოულოდნელი თავსხმა არის ასეთი მაგალითი. 2009 წლის სექტემბერს, ვილოცე გარკვეული რადაკისათვის, როდესაც ისრაელში ლაშქრობისათვის ვემზადებოდა. ისრაელში იმ დროს ძლიერი გვალვა იყო, რომელიც ოთხი წელია გრძელდებოდა. ისრაელში პასტორებმა ამიხსნეს თავიანთი სიტუაცია და მთხოვეს მელოცა.

თუ კი ასეთ თხოვნა, რომელიც სახელმწიფოებრივ საკითხს ეხება, სურთ პასუხი მიიღონ, არის გარკვეული პირობები, რომლებიც უნდა დაკმაყოფილდეს. ეს არის ის, რომ პრეზიდენტმა ან თანაბარი დონის ლიდერმა უნდა ითხოვოს ლოცვა რწმენით, ან ხალხის უმრავლესობამ უნდა მოითხოვოს ლოცვა რწმენით. მაგრამ, რადგან ძალიან დამწუხრებული ვიყავი მათი სიტუაციით, ლაშქრობის პირველ და მეორე დღეს ვილოცე ისრაელში წვიმისათვის.

რა იყო შედეგი? ისრაელს აქვს გაკრვეული განსხვავება წვიმიან და მშრალ სეზონებში. სექტემბერი არის მშრალი და იშვიათად წვიმს. ოქტომბრის ბოლოს შეიძლება ცოტათი იწვიმოს და ძირითადი წვიმის სეზონი არის დეკემბრიდან თებერვლამდე. ასევე, ხანგრძლივი გვალვის გამო გალილეის ზღვის დონე აღწევდა უფრო დაბალ წითელ ხაზს, რომელიც 208 მეტრია.

მაგრამ ლაშქრობის დასრულებიდან ერთი დღის შემდეგ, ისრაელის ჩრდილეთ მხარეს წვიმა მოვიდა. 13 სექტემბერს, კვირა დღეს, იერუსალიმში და თელ-ავივშიც მნიშვნელოვანი რაოდენობის წვიმა მოვიდა. ისრაელის პასტორებმა გაიხარეს და ადიდეს ღმერთის და ამბობდნენ, რომ წვიმა მიიღეს ჩემი ლოცვით.

მაგრამ ეს არ იყო დასრულებული. უფრო დიდი
წვიმა მოვიდა შემდეგ კვირას და ისრაელის წყლის
რესურსების დეპარტამენტმა თქვა, რომ მხოლოდ
ორი დღის წვიმის რაოდენობა იტივე იყო, რაც მთელი
სექტემბრის და ოქტომბრის წვიმის რაოდენობის ჯამი.
ღმერთის სამართლიანობის თანახმად ეს არ იყო
შესაძლებელი, მაგრამ ღმერთმა შეისმინა ლოცვა და
მისცა მათ წვიმა.

ასევე მრავალი ტაიფუნი და ქარიშხალია, რომელიც
დედამიწაზე უბედურებები მოაქვს. თუ კი ტაიფუნის
ან ქარიშხლების მიმოსვლის გადააღტიელებას
დაუსახლებელი ადგილებისაკენ შევძლებთ, არანაირი
პრობლემა არ იქნება.

ორი ტაიფუნი უახლოვდებოდა ფილიპინებს,
რომდესაც იქ ვიყავი 2001 წლის ლამშქრობის დროს.
მეოთქვსმეტე ტაიფუნი „ნარი" და მეცხრამეტე ტაიფუნი
„ლეკიმა" უახლოვდებოდნენ ფილიპინებს ძლიერი
ქარიშხალით. თუ კი ტაიფუნი ნაწინასწარმეტყველები
გზით მოვიდოდა, ლამშქრობის ჩატარებას ვერ
შევძლებდით. იქ პრეს კონფერენციაზე, რეპორტიერებმა
მკითხეს იქნებოდა თუ არა შესაძლებელი ლამშქრობის
ჩატარება ტაიფუნების გამო.

იმ დროს მე ვთქვი, „ტაიფუნები გაქრებიან
ან მიმართულებას შეიცვლიან. ლამშქრობის
განმავლობაში არ იქნება არანაირი ტაიფუნი ან წვიმა,
ამიტომ გთხოვთ, ეცადოთ დაესწროთ." „ნარი" გაქრა
ლამშქრობამდე და „ლეკიმამ" კი მოულოდნელად
მიმართულება შეიცვალა და ფილიპინებს შემოუარა.
ყოველგვარი პრობლემების გარეშე შევძელით
ლამშქრობის ჩატარება.

სულიერი სივრცის გამოყენებით ჩვენ არა

მხოლოდ ტაიფუნების შეჩერება შეგვიძლია, არამედ სხვა ბუნებრივი უბედურებებისაც, როგორიც არის ვულკანური ამოფრქვევები და მიწისძვრები. ჩვენ შეგვიძლია, რომ უბრალოდ მოვიცვათ ვულკანური ამოფრქვევის ან მიწისძვრის წყარო ღმერთის სივრცით და ამის გაკეთება მაშინ არის შესაძლებელი, როდესაც ეს ღმერთის სამართლიანობის თანახმად სწორია. მაგალითად, უბედურების შეჩერება, რომელიც გამოიწვევს დიდ ზიანს ქვეყნისათვის, ქვეყნის ლიდერმა უნდა ითხოვოს ლოცვა. ასევე, თუ კი სულიერი სივრცე ღიაა, პირველი ზეცის სამართლიანობის სრულიად უგულებელყოფა შეუძლებელია. სულიერი სივრცის მუშაობა იმდენად იქნება შეზღუდული, რომ პირველ ზეცაში არ იქნება დაბნეულობა სულიერი სივრცის აწევის შემდეგ. ღმერთი მართავს ყოველ ზეცას თავისი ყოვლისშემძლეობით და იგი არის სიყვარულის და სამართლიანობის ღმერთი.

სიყვარული, რომელიც სამართლიანობას სცდება

დაბადება 18-ში ჩვენ ვკითხულობთ, რომ ღმერთმა წინასწარ უთხრა აბრაამს თუ რა მოუვიდოდა სოდომსა და გომორს. „თქვა უფალმა: გახშირდა სამდურავი სოდომსა და გომორზე, მეტისმეტად დაუმძიმდათ ცოდვები. ჩავალ და ვნახავ, საქმით დაიმსახურეს თუ არა სამდურავი, ჩემამდე რომ მოაწია" (დაბადება 18:20-21).

სოდომი და გომორი უნდა დასჯილიყვნენ თავიანთი ცოდვების გამო სამართლიანობის წესების თანახმად, მაგრამ ღმერთმა წინასწარ შეატყობინა აბრაამს, რადგან მისი ძმისწული ლოტი იქ ცხოვრობდა.

ეს იყო ღმერთის გული, რომელსაც სურდა მათთვის ჯიდევ ერთი შანსი მიეცა. ეს არის ღმერთის სიყვარული და სამართლიანობა.

შემდეგ, აბრაამმა ხუთჯერ სთხოვა ღმერთს სოდომში გადაერჩინა. პირველად მან სთხოვა არ გაენადგურებინა სოდომში, თუ ჯი 50 სამართლიანი ადამიანი მაინც იყო იჭ და შემდეგ 45, ორმოცი, ოცდააჭი, ოცი და ბოლოს რაოდენობა ათზე ჩამოვიდა. უთხრა აბრაამმა: ნუ გამიწყრება უფალი და ამ ერთხელაც ვიტყვი: ათი რომ აღმოჩნდეს? უთხრა: „არ დავღუპავ იმ ათის გულისათვის." (დაბადება 18:32)

როგორც უბრალოდ ქმნილება, აბრაამს შეექლო ღმერთისთვის ასე გაბედულად ეთხოვა. ეს გვარჩვენებს, რომ მას ჰჯონდა უფლის გული და გაერთიანდა ღმერთთან. მან დიდი სიყვარულით სთხოვა ღმერთს ხალხი გადაერჩინა და ღმერთმა იგრძნო მისი სიყვარული და შეჰპირდა ხალხის გადარჩენას.

ღმერთი მოჭმედებს სიყვარულით სამართლიანობის სამართლიანობის საზღვრებს ფარგლებში. ამიტომ, მას სურდა წყალობა და თანაგრძნობა ეჩვენებინა მისთვის, როდესაც სოდომსა და გომორს სჯიდა, და სიყვარულით მან ჯიდევ ერთი შესაძლებლობა მისცა სამართლიანი ადამიანის, აბრაამის ლოცვის საშუალებით.

სოდომი და გომორი საბოლოოდ მაინც დაისაჯნენ, რადგან ათი სამართლიანი ადამიანიც ჯი არ იყო იჭ, მაგრამ აბრაამის ძმისწული ლოტი და მისი ოჯახი გადარჩა. ეს იმიტომ, რომ ლოტი იყო აბრაამის სივრცეში, რომელიც ღმერთს ძალიან უყვარდა. სხვა სიტყვებით რომ ვთჭვათ, რადგან ღმერთს აბრაამი ძალიან უყვარდა, მან ლოტი და მისი ოჯახი სულიერი სივრცით დაიფარა, რადგან აბრაამის

კეთილდღეობაზე ფიქრობდა.

როგორც განვმარტეთ, ღმერთის სივრცეში ყველაფრის გაკონტროლებაა შესაძლებელი ღმერთის სიყვარულსა და სამართლიანობაში. სიყვარული აუქმებს სამართლიანობას მისი დარღვევის გარეშე. იმისათვის, რომ ასეთი რამ იყოს შესაძლებელი, ადამიანს უნდა ჰქონდეს გული, რომელიც მეოთხე ზეცის სამართლიანობის თანახმად არის. სახელდობრ, როდესაც ადამიანს ჩამოყალიბებული აქვს გული, რომელიც ერთია ღმერთის გულთან, მას შეუძლია ღმერთის სამუშაოების გამოვლენა, რომლებიც სამართლიანობას სცილდება მეოთხე ზეცის კანონის დარღვევის გარეშე.

პრობლემა ის არის, თუ როგორ უდნა განავითაროს ადამიანმა ღმერთის გული. სანამ ეს მოხდება, მხოლოდ რწმენითა და სიყვარულით ადამიანმა უნდა დაძლიოს საზარელი გამოცდები, რომლებიც ადამიანებისთვის წარმოუდგენელია.

აბრაამსაც მრავალი გამოცდა ჰქონდა, სანამ „ღმერთის მეგობარი" ეწოდებოდა. როდესაც 75 წლის გახდა, ღმერთმა უთხრა მას, რომ დიდი ერი ჩამოყალიბდებოდა მისი საშუალებით, მაგრამ ოცი წლის განმავლობაში მას არ გაუჩნდა შვილი. მაგრამ როდესაც 99 წლის იყო და მისი მეუღლე სარა ჯი 89 წლის და აღარ შეეძლოთ ბავშვის ჩასახვა, ღმერთმა უთხრა მას, რომ მომდევნო წელს შვილი ეყოლებოდა.

ადამიანთა ცოდნის ეს სრულებით შეუქდლებელი იყო, მაგრამ აბრაამი მიენდო ღმერთს და არასოდეს შეჰპარვია მასში ეჭვი. ღმერთმა აღიარა მისი რწმენა, როგორც სამართლიანი და მისცა ვაკი, ისააკი.

მაგრამ როდესაც ისააკი გაიზარდა, ღმერთმა აბრაამს მისი შეწირვა სთხოვა. აბრაამს სწამდა, რომ ღმერთს შეეძლო მკვდრის გაცოცხლება, რადგან ღმერთს მისთვის უკვე ნათქვამი ჰქონდა, რომ ისააკის საშუალებით დიდი შთამომავლობა ჩამოყალიბდებოდა. მას შეეძლო ისააკის შეწირვა ყოველგვარი ყოყმანის გარეშე, რადგან გულწრფელად სცემდა ღმერთს თაყვანს.

მას შემდეგ რაც აბრაამმა ყველა გამოცდა დაძლია, ღმერთმა მას „ღმერთის მეგობარი" დაუძახა და უწოდა მას „რწმენის მამა". მას შემდეგ, რაც ბოლო გამოცდა დაძლია, რომელიც ისააკის შეწირვა იყო, მან ყველანაირი კურთხევა მიიღო, როგორიც არის შვილები, ჯანმრთელობა, სიმდიდრე და ხანგრძლივი ცხოვრება.

ღმერთი ეძებს ჭეშმარიტ შვილებს, რომლებიც მიიღებენ კურთხევებს და წარუძღვებიან უამრავ სულს ხსნის გზისაკენ რწმენის ლოცვებით და ისეთი სიყვარულით, როგორიც აბრაამს ჰქონდა. ღმერთი გვაჩვენებს შექმნის სამუშაოებს, სიცოცხლის და სიკვდილის მართვას და სამუშაოებს, რომლებიც სივრცისა და დროის ფარგლებს სცილდება, რადგან მას სრულს ჭეშმარიტი შვილების მიღება, რომლებსაც ღმერთის გულით აქვთ.

დაბადება 18:17-19-ში წერია, „თქვა უფალმა: როგორ დავუმალო აბრაამს, ჩემს მორჩილს, რის გაკეთებასაც ვაპირებ? აბრაამი ხომ დიდ და ძლიერ ხალხად იქცევა, ყველა ხალხი დედამიწის ზურგზე კურთხეული იქნება მისით; რადგან ვიცი, რომ უანდერძებს იგი თავის შვილებსა და თავის სახლს თავის შემდეგ - იარონ უფლის გზაზე, მოიქცნენ სიმართლით და სამართალი

საჯონ, რათა აუხდინოს უფალმა აბრაამს ყველაფერი, რაც ნათქვამი აქვს მასზე."

თუ ჯი ღმერთის სივრცის მხოლოდ ძირითად პრინციპებს გავიგებთ, რომლებიც განმარტულია ამ ეტაპამდე, ჩვენ უფრო ღრმად ჩავჩვდებით ბიბლიის მრავალ ამბავს და ასევე ცხოვრებაშიც გამოვცდით. ჩვენ შევძლებთ ადამიანთა საზღვრებს გავცდეთ, თუ ჯი ღმერთის ჭეშმარიტი შვილები გავხდებით. ამ მიზეზით აღმდგარმა უფალმა იესომ მოგვცა ბოლო სიტყვა სანამ ზეცაში ავიდოდა. „არამედ მიიღებთ ძალას, როცა სული წმიდა გადმოვა თქვენზე, და იქნებით ჩემი მოწმენი იერუსალიმში, მთელს იუდეასა და სამარიაში, ქვეყნის კიდემდე" (საქმე 1:8).

რა არის ყველაზე მცირე დაშორება ღმერთის ძალის მიღებასა და უფლის თვითმხილველად გახდომაში? ეს არის ჩვენი გულის კურთხევა და ძლიერი ლოცვა იმისათვის, რომ მთლიანი სულის ადამიანები გავხდეთ, რათა ღმერთის სივრცის გამოყენება შევძლოთ. გარდა ამისა, ჩვენ უნდა ვეცადოთ, რომ ღმერთის სიყვარული და სამართლიანობა მთლიანად ჩამოვაყალიბოთ, რათა შევძლოთ ყველაზე ლამაზი ზეციური საცხოვრებელი ადგილის მიღება ახალ იერუსალიმში და ღმერთის სივრცის მიღებაც კი.

ღმერთის გამოსახულება

ადამიანს შეუძლია ღმერთის დაკარგული გამოსახულების აღდგენა, როდესაც ღმერთის ჭეშმარიტი შვილი გახდება, რომელსაც ღმერთის გული აქვს. მაგრამ ეს იმას არ ნიშნავს, რომ მას შეუძლია ღმერთივით გახდეს. ღმერთი არსებობს მხოლოდ როგორც ნათელი ყოველგვარი ფორმის გარეშე ან მას შეუძლია გარკვეული ფორმის მიღება.

ღმერთმა დააწესა ფორმა ადამიანთა გაშენებისათვის

ადამიანი შეიქმნა ღმერთის ხატად

ჩვენ კიირდაკირ ვერ ვხედავთ ღმერთის სახეს

ღმერთის ფორმის ზომა

ღმერთის გამოხატულება იოანე მოციქულის თვალსაზრისით

მონაწილეობის მიღება ღვთაებრივ ბუნებაში

როგორი შესახედაობა აქვს ღმერთს? რამხელა შეიძლება იყოს იგი?

როდესაც ადამიანი მიიღებს იესო ქრისტეს და უფრო მეტს ისწავლის ღმერთის შესახებ, იგი ისე უნდა დაინტერესდეს ღმრთის გამოსახულებით, როგორც ზეციური საქმევფოთი. როდესაც შვილები მშობლებისგან დაშორებულნი არიან დიდი ხნის განმავლობაში, მათ მშობლები ენატრებათ. ეს იგივეა, როდესა ჩვენ ვექები ღმერთს და ღმად ჩვენს ბუნებაში მისი შეგრძნების დიდი სურვილი გვაქვს.

მათე 5:8 ამბობს „ნეტარ არიან წმიდანი გულითა, ვინაიდან ისინი ღმერთს იხილავენ.“ „წმიდანი გულითა“ ნიშნავს „არა ადამიანის გონების უაზრო რაიმეზე დაყენება, არამედ ჭეშმარიტებაში სიწმინდესა და სისუფთავეს.“ ეს არის გული, რომელიც უმწიკვლო და შეუბღალავია და რომლითაც ჩვენ არ ვფიქრობთ ბოროტებასა და უკეთობაზე. ეს ამბობს, რომ წმინდა გულით ღმერთს იხილავენ, რას ნიშნავს ეს? ეს იმას არ ნიშნავს, რომ ღმერთის თავდაპირველ არსებობას დაინახავენ. ეს ნიშნავს იმას, რომ ისინი შეიგრძნობენ ღმერთის იმით, რომ ლოცვებზე პასუხს მიიღებენ.

მაგრამ ეს არ ნიშნავს, რომ ადამიანები ვერასოდეს შეძლებენ ღმერთის დანახვას. ეს უბრალოდ ნიშნავს, რომ მათ ღმერთის სახის პირდაპირ დანახვა არ შეუძლიათ (გამოსვლა 33:20). ღმერთი არის სული, ამიტომ ჩვენ არ შეგვიძლია ვიცოდეთ ღმერთის გამოსახულება, რადგან პირდაპირ არ შეგვიძლია

ღმერთის დანახვა. მაგრამ ღმერთი ამბობს, რომ
ჩვენ შევიქმენით მის გამოხატულებაში, ამიტომ
ჩვენ შეგვიძლია დავასკვნათ, რომ გარეგნობაში
ღმერთს და ჩვენ რაღაც საერთო გვაქვს. ჩვენ შეგვიძია
წარმოვიდგინოთ, თუ როგორ გამიყურება ღმერთი
ბიბლიიდან, რომელიც ზეშთაგონებაა ღმერთის
შესახებ.

ღმერთმა დააწესა ფორმა ადამიანთა გაშენებისათვის

გამოსვლა 3:14-ში ჩვენ ვკითხულობთ, რომ ღმერთმა
თავისი თავი აღწერა როგორც „მე ვარ რომელიც ვარ“.
იგი არის სრულყოფილი არსება, რომელიც მარტო
არსებობს. ადამიანებს აქვთ შეზღუდული ცოდნა,
ამიტომ ჩვენ ვფიქრობთ, რომ ყველაფრის დასაწყისი
უნდა არსებობდეს. ამიტომ იყენებს ღმერთი სიტყვა
„დასაწყისს“, მაგრამ ეს მხოლოდ გაგებისთვის არ
არის.

იოანე 1:1-ში წერია ”დასაბამიდან იყო სიტყვა, და
სიტყვა იყო ღმერთთან და ღმერთი იყო სიტყვა.” და
დაბადება 1:1 ამბობს, „თავდაპირველად ღმერთმა
შექმნა ცა და მიწა“.

ღმერთმა შექმნა ადამიანები, როდესაც
ქმნიდაზეცვებს და დედამიწას და ყველაფერს
მათზე, „დასაწყისი“ დაბადების წიგნში აარსებს
ურთიერთობას ადამიანებთან. მეორეს მხრივ, იოანე
1-ში ხსენებული დასაწყისი დროში ის ადგილია,
რომელიც დაწყებამდე უფრო აღრე იყო. გარდა ამისა,
ამას ადამიანებთან არანაირი ურთიერთობა არ აქვს.

დასაწყისში ღმერთი არსებობდა სივრცეში,
რომელიც სულიერი სამყაროა და რომელიც ჩვენი
თვალისთვის უხილავია. ღმერთი არსებობდა
როგორც ლამაზში და კაშკაშა სინათლე და ყველაფერს
მართავდა სამყაროში. ღმერთს ისე ჰქონდა
ადამიანურობა როგორც ღვთაებრიობა და ამ მიზეზის

გამო, მან დაბეგმა ადამიანთა გაშენება ჭეშმარიტი შვილების შესაქენად და დაიწყო არსებობა როგორც სამება: მამა, ძე და სული წმინდა.

ეს იყო მაშინ, როდესაც ღმერთმა დაიწყო გამოსახულების ქონა. დაბადება 1:26-ში წერია, „თქვა ღმერთმა: გავაჩინოთ კაცი ჩვენს ხატად, ჩვენს მსგავსებად.“

რა თქმა უნდა, ეს არ არის ადამიანივით ფიზიკური ფორმა. ეს იყო სულიერი გამოსახულება ღმერთის განსახიერებისთვის, რომელიც სულია. ანგელოზები, ზეციური არმია ან ქერუბიმი, ეს ყველა სულიერი არსებაა, მაგრამ მათ არ აქვთ შესავამისი ფორმები. თავიდან ღმერთს არ ჰქონია გარკვეული ფორმა, მაგრამ რაღაც მომენტში გაუჩნდა.

ღმერთმა ჩვენთვის, ადამიანებისთვის შექმნა ფორმა და როდესაც დედამიწა შექმნა, რომელიც ადამიანთა გაშენების ადგილია, იგი ჩამოვიდა ამ დედამიწაზე. მან შეამოწმა, თუ რა დასჭირდებოდა ზეცას მომავალში და როგორ შექმნიდა ამ რაღაცეებს. შემდეგ მან დაიწყო ყველაფრის შექმნა.

ადამიანი შეიქმნა ღმერთის ხატად

ღმერთმა შექმნა ადამიანები თავისი წარმოსახვით შექმნის მეექსზე დღეს. ეს იმას არ ნიშნავს, რომ ადამიანის მხოლოდ გარე შესახედაობა იყო შექმნილი ღმერთის წარმოსახვით. ეს ასევე იმას ნიშნავს, რომ ჩვენი გული შეიქმნა ღმერთის გულის მიხედვით.

მაგრამ ადამის დაუმორჩილებლობის შემდეგ, ადამიანებმა დაკარგეს ღმერთის თავდაპირველი გამოსახულება, რომელიც შექმნისას მიიღეს და უფრო და უფრო მეტად დაბინძურდნენ ცოდვებით. ადამის ღმერთის გამოსახულების დაკარგვა არ ნიშნავს იმას, რომ გარე შესახედაობა გაქრა, არამედ მან დაკარგა ღმერთის ბუნება, რომელიც წმინდა სურნელებაა.

ადამიანები შექმნილნი არიან სულით, სამშვინველით
და სხეულით, მაგრამ ცოდვის შედეგად, ყოველი
ადამიანის სული „მოკვდა“. ამის შემდეგ, ისინი აღარ
განსხვავდებოდნენ ცხოველებისაგან, რომლებიც
მხოლოდ სამშვინველითა და სხეულით იყვნენ
შექმნილნი.

    მაგრამ როდესაც დრო მოვიდა, ღმერთმა
გამოგზავნა იესო ხსნის გზის გასაღებად, რათა
ყველანი გადარჩენილიყვნენ. იმ ადამიანს, რომელიც
იესო ქრისტეს მიიღებს, ღმერთის საჩუქრად სული
წმინდას აძლევს. შემდეგ მისი მკვდარი სული აღდგება
და მას შეეძლება დაიწყოს ღმერთის დაკარგული
გამოსახულების აღდგენა. წმინდა ღმერთს სურს მის
შვილებს სიწმინდეც ჰქონდეთ. ამიტომ იგი დაჟინებით
გვეუბნება „იყავით წმინდები, რადგან წმინდა ვარ მე“
(1 პეტრე 1:16).
    ღმერთი არა ადამიანის შესახედაობას უყურებს,
არამედ მის გულს. ჩვენ შეგვიძლია ღმერთის
ჭეშმარიტი შვილები გავხდეთ, თუ კი ცოდვების
წინააღმდეგ ვიბრძოლებთ სისხლის ღვრამდე და
განვდევნით ყოველგვარ ბოროტებას. ჩვენ შევძლებთ
ღმერთის გაკარგული გამოსახულების აღდგენას
და ისეთ ძლიერ შუქებს გამოვცემთ ჩვენი სულიერი
ფორმებიდან, რომ ღმერთის დავექსტავსებით,
რომელიც ნათელია.
    1 იოანე 5:18-ში წერია, „ვიცით, რომ ღვთის მიერ
შობილთაგან არავინ სცოდავს, რადგანაც ღვთის
მხოლოდშობილი ძე იცავს და ბოროტი ვერ ეხება მას.“
ღმერთი იცავს იმათ, რომლებიც ღმერთი სიტყვით
ცხოვრობენ და ცოდვებს არ ჩადიან. მათი კაშკაშა
სინათლის გამო, ეშმაკი და სატანა მასთან ახლოსაც კი
ვერ მიდიან.
    მიზანი იმისა, თუ რატომ შექმნა ღმერთმა
სამყარო და ადამიანები, არის ის, რომ მას სურს
ჭეშმარიტი შვილების მიღება, რომლებსაც ღმერთის

გამოსახულება აქვთ. მაგრამ შექმნის შემდეგ თითქმის
არც ერთ ადამიანს არ ჩამოუყალიბებია ღმერთის
გამოსახულება. ადამის შემდეგ უთვალავი ადამიანი
დაიბადა, მაგრამ მათან მხოლოდ რამდენიმე
ადამიანმა შეძლო ისეთი გულის ჩამოყალიბება,
რომელიც ღმერთის სურდა მათთვის. ასეთი
ადამიანები დადიოდნენ ღმერთთან ერთად და
თავიანთ ცხოვრებაში ავლენდნენ ღმერთის დიდებას.
მათ წარმოაჩინეს ძლიერი ნიშნები და სასწაულები,
რომლებიც ადამიანის წარმოსახვას აღემატება.
ელიამ ზეციდან ცეცხლი ჩამოიტანა; აბრაამმა თავისი
ერთადერთი ძე, ისააკი შესწირა; პავლე მოციქული
მთელი თავისი სიცოცხლითა და სიყვარულით
ერთგული იყო. როდესაც ღმერთმა ასეთი ხალხი
დაინახა, მას ეს ძალიან გაეხარდა.

ამის საპირისპიროდ, თუნდაც იმ ადამიანებს
შორის, რომლებიც ღმერთის სამეფოშთვის
იქნენ გამოყენებულნი, იქ რამდენიმე ადამიანი
იყო, რომლებიც არ იყვნენ „ღმერთის ჭეშმარიტ
ადამიანებად" მიჩნეულნი. მაგალითად, ელისე
წინასწარმეტყველის შემთხვევაში, მან ყველაფერი
ელიასგან ისწავლა და ელიას შთაგონების ორმაგი
ნაწილი მიიღო. მაგრამ მისი გული ელიას გულივით
სრულყოფილი არ ყოფილა (2 მეფეთა 2:24). როდესაც
ბავშვები მისდევდნენ მას და აუტანლად მასხრად
იგდევდნენ, ბოლოს მან ბავშვები დაწყევლა. ორი
დედალი დათვი გამოვიდა და ორმოცდაორი ბავშვი
დაგლიჯეს.

ლოტმაც დაინახა აბრაამის სიკეთე და მაინც ვერ
ჩამოაყალიბა აბრაამის სიკეთის გული. მან მიიღო
მატერიალური კურთხევა აბრაამის მეშვეობით და
სახიფათო სიტუაციაში აბრაამმა იგი გადაარჩინა.
მაინც, მან ვერ შეძლო სრულყოფილი გულის
ჩამოყალიბება.

რა თქმა უნდა, ელისეს მრავალი სასწაული

მოახდინა და ხალხიც ამბობდა, რომ იგი ღმერთის კაცი იყო. მაგრამ ეს მხოლოდ ის იყო, რომ ხალხი მას პატივს სცემდა, როგორც წინასწარმეტყველს. ღმერთის ჭეშმარიტი კაცი არ არის ისა ადამიანი, რომელიც შეიძლება ღმერთმა იმ მომენტში თავისი მიზნის შესასრულებლად გამოიყენოს. ეს არის ადამიანი, რომელმაც აღიდგინა ღმერთის დაკარგული გამოსახულება და აქვს წმინდა გული, რომელიც შეუბღალავია.

ჩვენ კირდაკირ ვერ ვხედავთ ღმერთის სახეს

ადამის დაცემის შემდეგ, პირველ ზეცაში არავის შეეძლო ღმერთის სახის პირდაპირ დანახვა. ღმერთი არის სული და ჩვენ ვერ ვხედავთ მას ჩვენი ფიზიკური თვალით. გარდა ამისა, გამოსვლა 33:20-ში ვკითხულობთ, „ვერ შეძლებ ჩემი პირის ხილვას, რადგან ისე ვერ მიხილავს ადამიანი, რომ ცოცხალი დარჩეს.“

ელია ზეცაში ავიდა სიკვდილის გარეშე და მაინც, მან ვერ შეძლო ღმერთისთვის პირდაპირ შეეხედა. 3 მეფეთა 19:12-13-ში წერია, „მიწისძვრის მერე - ცეცხლი, არც ცეცხლში იყო უფალი; ცეცხლის მერე - ოდნავი ჩქამი. როცა გაიგონა ეს ელიამ, მოსასხამი აიფარა სახეზე, გარეთ გავიდა და მღვიმის შესასვლელთან დადგა. აჰა, მოესმა ხმა, რომელიც ეუბნება: აქ რა გინდა, ელია?“

მსაჯულნი 13:22-ში წერია, „უთხრა მანოახმა ცოლს: სიკვდილი არ ავცდებათ, რადგან უფლის ანგელოზი ვიხილეთ.“ მანოახი არის სამსონის მამა. ესაიამაც თქვა, „ვაი მე, დავიღუპე, რადგან ბაგეუწმიდური კაცი ვარ და ბაგეუწმიდურ ხალხში ვცხოვრობ-მეთქი, ჩემმა თვალებმა კი მეუფე, ცაბაოთ უფალი იხილეს“ (ესაია 6:5).

იყო შემთხვევა ბეთ-შემეშელებზე, რომლებიც დაიხოცნენ, რადგან უფლის კიდობანს დაუწყეს

ყურება (1 სამუელი 6:19).

მაგრამ ადამიანები კვდებიან, თუ კი ღმერთის სახეს პირდაპირ დაინახავენ, ღმერთს საკუთარი თავი არაპირდაპირ აქვს გამოვლენილი. მან თავისი თავი აჩვენა ცეცხლის ალში ბუჩქში, ან ცეცხლში ან კიდევ ღრუბლებში. ზოგჯერ იგი საკუთარ თავს ისეთ სასწაულებში ავლენს, როგორიც არის წითელი ზღვის გაყოფვა და მზის და მთვარის შეჩერება; ან ნიშნებში, როგორიც არის კოჭლის ფეხზე დაყენება, ბრმისთვის თვალების ახელა; ან კიდევ მკვდრის გაცოცხლება და ა.შ.

ღმერთმა იესოს მეშვეობით აჩვენა თავისი ხატი, როგორც კოლასელთა 1:15-ში წერია, „ვინც არის ხატი უხილავი ღვთისა, ყველა ქმნილებაზე უწინარესი.“ იოანე 1:18-ში ვკითხულობთ, „ღმერთი არავის არასოდეს უხილავს: მხოლოდშობილმა ძემ, რომელიც იყო მამის წიაღში, მან გაგვიცხადა,“ და იოანე 14:9-ში კი იესო ამბობს შემდეგს, „ვინც მე მიხილა, მამაც იხილა; როგორღა ამბობ, მამა გვიჩვენეო?“

დღეს, უამრავი ადამიანი იქახის, რომ მათ ღმერთის სწამთ, მაგრამ ჭეშმარიტად არ იციან თუ ვინ არის იგი და მათ არ ესმით მისი გული და ნება. ისინი საკუთარი თვით-კონცეპტუალიზაციით წარმოიდგენენ ხოლმე თუ როგორია ღმერთი. ეს ისეა, როგორც ჭაში მცხოვრები ბაყაყი ფიქრობს, რომ პაწარა, მრგვალი ცის დანახვა არის მთლიანი ცის დანახვა. ანალოგიურად, ამ ადამიანებს არ შეუძლიათ ჭეშმარიტი სიყვარულის გაზიარება მამა ღმერთთან და გარდა ამისა, როდესაც იმ ადამიანებს ხედავენ, რომლებიც ღმერთს უყვარს, ფიქრობენ რომ ისინი უცნაურები არიან.

იესომ აჩვენა ღმერთის ხატი

რატომ ამბობს იესო იოანე 14:9-ში, „ვინც მე მიხილა, მამაც იხილა“? იესო არის მამა ღმერთში და ღმერთი

არის იესოში და ამიტომ ერთნი არიან. ამ მიზეზის გამო, იესოს ნათქვამში სიტყვები არა მხოლოდ მისი საკუთარი სიტყვები იყო, არამედ მამა ღმერთისაც.

იოანე 12:49-50-ში მან თქვა, „ვინაიდან ჩემდა თავად არაფერი მითქვამს, არამედ მამამ, რომელმაც მომავლინა, მომცა მე მცნება, რა ვთქვა, ან რა ვილაპარაკო. მე ვიცი, რომ მისი მცნება საუკუნო სიცოცხლეა, და რასაც ვიტყვი, როგორც მამამ მაუწყა, ისე ვიტყვი,“ და მათე 15:30-31-ში, „და მივიდა მასთან დიდძალი ხალხი, თან მოიყოლეს კოჭლნი, ბრმანი, ყრუნი, საპყარნი და სხვანიც მრავალნი, ფერხთით დაუსხეს იესოს და მანაც განკურნა ისინი; ასე რომ, უკვირდა ხალხს, როცა ხედავდა, რომ ლაპარაკობდნენ მუნხნი, იკურნებოდნენ საპყარნი, დადიოდნენ კოჭლნი და ხედავდნენ ბრმანი: და ადიდებდნენ ისრაელის ღმერთს.“

როდესაც იესომ მამის სიტყვებით განაცხადა, ღმერთმა ნიშნებითა და სასწაულებით აჩვენა, რომ იგი ყოვლისშემძლეა. მათ, ვინც იესო მიიღეს, შეეძლოთ ღმერთის ძალის დანახვა და დიდება მისცეს ღმერთს. მაგრამ მათ, რომლებსაც არ სწამდათ იესოსი, მიატოვეს და გაიფანტნენ. მათ არ სწამდათ იესო ქრისტესი, მიუხედავად იმისა, რომ შეეწრნენ ღმერთის გასაოცარ სასწაულებს, მხოლოდ იმიტომ, რომ ეს ყვალოფერი არ ეთანხმებოდა მათ ცოდნასა და თეორიებს.

იესო ნებით ეწამა ჯვარზე ხსნის განგების შესასრულებლად, რადგან იგი მთლიანად ერთი იყო მამა ღმერთში. მას ერთი გული ჰქონდა ღმერთთან, რომელსაც სურდა კაცობრიობის, ცოდვილების ხსნა მიუხედავად იმისა, რომ ხსნის გზა იყო წამების გზა. მას ერთი და იგივე ნება ჰქონდა რაც ღმერთს, რომ მსხვერპლი უნდა გამხდარიყო. ამ მიზეზის გამო იესომ მიიღო ეს გზა ყოველგვარი უგულობის გარეშე მიუხედავად იმისა, რომ ეს ასეთი რთული რამ იყო ადამიანების აზროვნებაში.

რატომ არ უნდა შევქმნათ ღმერთის გამოსახულება?

გამოსვლა 3-ში ღმერთი ბუჩქზე წაკიდებული ცეცხლის ალიდან ექახის მოსეს. მან მას უბრძანა ისრაელის შვილები, რომლებიც ეგვიპტეში იტანჯებოდნენ, კანაანის მიწაზე მიეყვანა. რა არის მიზეზი იმისა, რომ ღმერთი ბუჩქზე წაკიდებულ ცეცხლის ალში გამოვლინდა?

აშკარაა, რომ როდესაც ბუჩქს ცეცხლი წაეკიდება, ისინი განადგურდება. ეს იყო რაღაც არაორდინალური, რომ ბუჩქები არ ნადგურდებოდა ცეცხლით და არც ცეცხლის ალი ქრებოდა. ღმერთის განზრახული ჰქონდა მოსესთვის დაენახვებინა, რომ არსებობს სულიერი, სამარადისო სამყარო.

ასევე, ბუჩქი მიჩნეულია, როგორც „წყევლის" სიმბოლო და ამგვარად, ღმერთის მაუწყებლის გამოვლენა ბუჩქზე წაკიდებულ ცეცხლის ალში ნიშნავს იმას, რომ ღმერთი არის ის ერთადერთი, რომელიც დაწყევლილ ბუჩქსაც კი აკონტროლებს. ეს თავის მხრივ, სულიერი გაგებით წარმოადგენს, რომ ემშაკი და სატანა ღმერთის კონტროლის ქვეშ არიან. მოსე გახდა ადამიანი, რომელიც ღმერთის თვალში ღირში იყო და საბოლოოდ ღმერთი მას მოევლინა, რათა იგი ისრაელის ლიდერი გაეხადა.

მაგრამ მოგვიანებით, როდესაც ღმერთმა თავისი თავი გამოავლინა ისრაელის შვილებთან, მათ მხოლოდ მისი ხმა გაიგეს. ვიდევ ერთხელ, მოგვიანებით ღმერთმა მათი ეს ფაქტი დაიმახსოვრა და მკაცრად აუკრძალა გამოსახულების შექმნა. ქალზე ფრთხილად იყავით, რაკი არ გინახავთ არავითარი სახე, როცა უფალი გელაპარაკებოდათ ხორებში ცეცხლის შუაგულიდან, რომ არ გაირყვნათ და არ გაიკეთოთ ქანდაკი, რაიმე კერპის ხატი მამრის თუ მდედრის გამოსახულება, რაიმე ცხოვვლის გამოსახულება, რაც დედამიწაზეა, რაიმე

ფრინველის გამოსახულება, ცაში რაც დააფრინავს, მიწაში ქვემძრომის გამოსახულება, რაიმე თევზის გამოსახულება, რაც წყალშია, მიწის ქვეშ. რომ ცისკენ ახედვისას და მზისა, მთვარისა და ვარსკვლავების, ცის მთელი მხედრობის დანახვისას არ შეცდე და თაყვანი არ სცე მათ, არ ემსახურო მათ, რომლებიც შეუქმნა უფალმა, შენმა ღმერთმა, ყველა ხალხს მთელს ცისქვეშეთში" (რჯული 4:15-19).

რა არის მიზეზი იმისა, რომ ღმერთმა ეს თქვა? ადამიანები შეიქმნენ უცვლელი ფორმით და ამგვარად მათ აქვთ მიდრეკილება მიიღონ ღმერთის ფორმაც. ღმერთი შეუწუხებული იყო, რადგან თუ კი ამას იზამდნენ, ისინი შეუზღუდავდნენ ღმერთის ბუნებას უცვლელი გამოსახულების ჩარჩოთი. თუ კი სინი ღმერთის გამოსახულებას შეჰქმნიდნენ, ეს მათ ღმერთის უკეთ გაგებაში კი არ დაეხმარებოდა, არამედ ეს უფრო უფლებას წაართმევდა მათ ღმერთის ჭეშმარიტი გამოსახულების დანახვისა. თავის მხრივ, ეს შეიძლება მათ კერპთაყვანისმცემლობისაკენ წაუძღვეს, რომელიც ერთ-ერთ რამ არის, რაც ღმერთს ყველაზე მეტად სძულს.

ღმერთი არის სული და როგორ უნდა შევქმნათ მისი გამოსახულება და როგორ უნდა გამოვხატოთ იგი? ამიტომ, როდესაც მოსემ ღმერთის სითხოვა ეჩვენებინა თავისი თავი, იგი დაჰპირდა, რომ სიკეთის ყოველ გამოსახულებას აჩვენებდა და არა მატერიალურ გამოსახულებას.

როგორც წყალი იყინება და ხდება ყინული, ღმერთს შეუძლია საკუთარი თავი სხვადასხვა ფორმით აჩვენოს. ამ გზით იგი ადამიანებს მის უკეთ გაგებაში ეხმარება, რადგან იგი არის სული და ადამიანებს აქვთ ფიზიკური შეზღუდვები.

ღმერთის ფორმის ზომა

ბიბლიის მრავალი ნაწილს აქვს გამოთქმები ღმერთის სხეულის ნაწილების შესახებ, როგორიც არის „შენი თვალები" (1 მეფეთა 8:29), „ყური" (ნეემია 1:6), და „ხელები" (ესაია 65:2). ამ გამოთქმებს მხოლოდ სიმბოლური მნიშვნელობები აქვთ? ეს ასე არ არის.

ღმერთი არ არსებობს, როგორც უფორმო სიცარიელე. მას აქვს გარკვეული ფორმა, რაც ნიშნავს იმას, რომ იგი არის არსება. მაგრამ იგი განსხვავდება ადამიანებისაგან, რადგან მას აქვს ფორმა, რომელიც თვით სულია ფიზიკური სხეულის გარეშე, როდესაც ადამიანებს აქვთ სული, სამშვინველი და სხეული. ღმერთი არის ჯაშჯამა შუქების ფორმაში და ჩვენ მას პირდაპირ ვერ ვხედავთ. გარდა ამისა, იგი ფუნდამენტალურად განსხვავდება ადამიანებისაგან იმ გაგებით, რომ ადამს თავდაპირველად ჰქონდა ფორმა და აივსო ჭეშმარიტებით, როდესაც ღმერთი თვით ჭეშმარიტებაა და შემდეგ მიიღო მან ფორმა.

ზოგმა შეიძლება იფიქროს, რომ ღმერთი არსებობს ძალიან დიდ სხეულში, რადგან იგი არის შემოქმედი, რომელიც სამყაროში ყველაფერი შექმნა. რა თქმა უნდა, მას აქვს დიდი ფორმა, მაგრამ მას თავისუფლად შეუძლია ფორმის შეცვლა. ამიტომ, ჩვენ ვერ გავიგებთ თუ როგორია მისი ფორმა თუ კი ადამიანური გაგებით ვიფიქრებთ.

მას შემდეგაც კი, როდესაც ზეცაში შევალთ, ჩვენ ფუნდამენტალური განსხვავება გვექნება ღმერთისაგან. ადამიანებს ექნებათ სულიერი სხეულები, რომლებმაც დედამიწაზე ფიზიკურ სხეულში ადამიანთა გაშენება გამოიარეს. თუმცა, ღმერთს შეუძლია ან ფორმა ჰქონდეს ან ფორმიდან გამოვიდეს. მაგრამ ადამიანები შეზღუდულები იქნებიან ერთი გარკვეული ფორმით, რომლის შეცვლას ვერასოდეს შეძლებენ. ეს გარკვეულწილად ისეა, თითქოს თაბაშირით შეგვიძლია ნებისმიერი ფორმის შექმნა, მაგრამ როდესაც ფორმას შევუცვლით, იგი ვეღარ დაუბრუნდებად პირველად ფორმას.

ღმერთის არსებობა სინათლედ შეუქდლია ფორმის გარეშე ან ფორმით. მეოთხე ზეცაში ღმერთს ჩვეულებრივ არ აქვს ხოლმე ფორმა და არსებობს როგორს ნათელი და ხმა. მაგრამ ფორმას მაშინ იღებს, როდესაც წინასწარმეტყველებთან ერთად არის, ან როდესაც მესამე ზეცაში, ზეციურ სამეფოში ჩამოდის. იგი ფორმას მაშინ იღებს, როდესაც ისეთ ადგილას არის, სადაც ამის საჭიროებაა. მას თავისუფლად შეუქდლია თავისი ფორმის გაკონტროლებაც.

მაგალითად, მეოთხე ზეცაში ნივთიერება, მატერია არ არის მყარი სხეულივით, სითხესავით ან აირივით. იგივე ნივთიერებას თავისუფლად შეუქდლია ფორმის შეცვლა, რადგან ღმერთი ამას თავის გულში ინახავს. ამიტომ, ღმერთი თავდაპირველად არსებობდა როგორც ნათელი და ხმა, რომელსაც არ ჰქონდა ფორმა, მაგრამ როდესაც მესამე ზეცაში ჩამოვიდა, მან მიიღო გარკვეული ფორმა.

პ ი რ ვ ე ლ ი   ა დ ა მ ი ა ნ ი, ადამი შეიქმნა ამ გამოსახულების მიხედვით, ღმერთის გამოსახულების მიხედვით მესამე ზეცაში, რომელიც ის გამოსახულებაც არის, რომელსაც მაშინ ვნახავთ, როდესაც ზეცაში ავალთ. მაგრამ მაშინაც კი, თუ მას ერთი და იგივე ფორმა აქვს, იგი სხვანაირად გამოიყურება, როდესაც მეოთხე ზეცაში და მესამე ზეცაშია. ეს იმიტომ, რომ ნათელი, დიდება და ღირსება განსხვავებულად ჩანს სხვადასხვა განზომილებებში.

მაგალითად, ერთი და იგივე კრისტალის ნატეხი სხვადასხვანაირად გამოიყურებოიდეს იქნება იმ ადგილის სინათლის მიხედვით, სადაც კრისტალია მოთავსებული. ანალოგიურად, ღმერთის დიდება და ფორმა მეოთხე ზეცაში განსხვავებულად გამოიყურება, ვიდრე უფრო დაბალ განზომილებებში. ერთი და იგივე სულიერ სამყაროშიც კი, ფორმები განსხვავებულად ჩანს განსხვავებული განზომილებების მიხედვით და განსხვავებები ვიდევ უფრო მეტი იქნება, თი კი ღმერთი პირველ ზეცაში, ფიზიკურ სივრცეში ჩამოვა.

გარდა ამისა, ღმერთის დანახვა ფიზიკურ სამყაროში სულიერი სამყაროს ღია კორიდორით და ღმერთის დანახვა, რომელიც დედამიწაზე ჩამოვიდა, სრულიად განსხვავდება. წინასწარმეტყველებს და ანგელოზებს არ შეუძლიათ ფიზიკური სივრცის გამოსახვა, ამიტომ მაშინაც კი, როდესაც ფიზიკურ სივრცეში გამოვლენ, მაინც სულის სივრცეში იქნებიან. მაგრამ ღმერთს შეუძლია ნებისმიერი სივრცის გამოსახვა, როდესაც მას გულში შეინახავს. მას შეუძლია ფიზიკურ სივრცეში გამოჩენა, როდესაც სულიერ სივრცეშია და მას ასევე შეუძლია გამოჩნდეს ფიზიკურ ფორმაში, რომელიც ადამიანის თვალისთვის დასანახია.

ღმერთი ჩნდება სულიერ გასასვლელებში

ჩვენ მრავალ ჩანაწერს ვპოულობთ ბიბლიაში თვით ღმერთის დედამიწაზე ჩამოსვლის შესახებ. როგორ ჩამოვიდა ღმერთი დედამიწაზე?

დაბადება 11:5-ში წერია, „ჩამოვიდა უფალი, რომ ენახა ქალაქი და გოდოლი, რომელსაც ადამიანები აშენებდნენ." გამოსვლა 19:18-ში წერია, „ბოლავდა მთელი სინას მთა, რადგან უფალი იყო მასზე ჩამოსული ცეცხლის ალში; როგორც ქურას, ისე ასდიოდა კვამლი და ძლიერად ირყეოდა მთა," და რიცხვნი 11:25-ში, „ჩამოვიდა უფალი ღრუბელში და ელაპარაკა მას. აიღო ნაწილი სულისაგან, მოსეზე რომ იყო, და გაუნაწილა სამოცდაათ უხუცესს. როცა დაადგა მათ სული, ქადაგად დაეცნენ ყოველანი, ოღონდ მცირე ხნით."

ღმერთი არ არის შეზღუდული დროის დინებაში ცვლილებებით. ყოველი ფიზიკური და სულიერი სივრცე მას ეკუთვნის. მაგრამ ფაქტი ფაქტად რჩება, რომ მან მაინც გამოიყენა სულიერი კორიდორი დედამიწაზე ჩამოსასვლელად. მას არ სჭირდებოდა სულიერი კორიდორის გავლა, მაგრამ კანონის წესები

არ დაარღვია.

მიუხედავად იმისა, რომ თვით ღმერთი იყო იქ, ხორცის ადამიანებმა იმ დროს მისი დანახვა ვერ შეძლეს. მაგრამ მათ, რომლებსაც სულიერი თვალი გახელილი ჰქონდათ და რომლებსაც კავშირი ჰქონდათ ღმერთთან, დაინახეს იგი. რა თქმა უნდა, ეს არ არის ღმერთის პირისპირ დანახვა, მაგრამ მათ დაინახეს და იგრძნეს იგი ღმერთი ნებადართული შეზღუდვების ფარგლებში.

გამოსვლა 33:11 ამბობს „პირისპირ ელაპარაკებოდა უფალი მოსეს, როგორც კაცი ელაპარაკება კაცს.“ მაგრამ ეს იმას არ ნიშნავს, რომ მოსემ პირდაპირ ღმერთის სახე დაინახა. ეს ნიშნავს იმას, რომ ღმერთმა თავისი თავი მოსეს ისეთი განსაკუთრებული გზით აჩვენა, რომ მისი დანახვის შემდეგაც მოსე არ მომკვდარიყო ღმერთის დიდების დანახვისგან. ეს იმიტომ, რომ მოსე ყველაზე თავმდაბალი ადამიანი იყო დედამიწაზე და ასევე ერთგული ღმერთის ყველა ტაძარში.

გამოსვლა 33:18-19-ში წერია, „თქვა მოსემ: მახილვინე შენი დიდება. თქვა ღმერთმა: ჩამოვატარებ მთელს ჩემს სიდიადეს შენს წინ და მოვუხმობ უფლის სახელს შენს წინაშე. შევიწყალებ, ვინც შესაწყალებელია, და შევიტკბობ, ვინც შესატკბობია.“

მაგრამ გამოსვლა 33:23-ში ჩვენ ვხედავთ, რომ მოსეს ღმერთის სახე კი არა, მისი ზურგი დაინახა. მიუხედავად იმისა, რომ იგი ასეთი თავმდაბალი იყო, მაინც ვერ დაინახა ღმერთი პირდაპირ, რადგან ფიზიკური სხეულით იყო შეზღუდული.

ღმერთი გამოეცხადა აბრაამს

დაბადება 18-ში ჩვენ ვკითხულობთ, რომ აბრაამი მთელი თავისი ძალისხმევით ემსახურებოდა სამ ადამიანს. ეს იყო შემთხვევა, როდესაც ღმერთი სული წმინდად და ორმა მთავარანგელოზმა ადამიანის ფორმები მიიღეს. ღმერთი სული წმინდა არის ერთი

მამა ღმერთში და მას შეუძლია მიიღოს ადამიანის ფორმა.

მაშინ, როგორ შეეძლოთ მთავარანგელოზებს ადამიანის ფორმის მიღება? საკუთარი შესაძლებლობებით მათ არ შეუძლიათ ამის გაკეთება, მაგრამ მაშინ ეს იმიტომ იყო შესაძლებელი, რადგან ისინი ღმერთი სული წმინდასთან ერთად იყვნენ ღმერთი სული წმინდის სივრცეში. მაგრამ ღმერთი სული წმინდის და ორი მთავარანგელოზის ადამიანის ფორმის მიღება არ ნიშნავს იმას, რომ ისინი ადამიანების მსგავსი იყვნენ. მათ უბრალოდ გადაიცვეს ადამიანის ფორმა თავიანთ სულიერ ფორმებზე, რათა მათი სულიერი ფორმა დასანახი ყოფილიყო ფიზიკურ სივრცეში.

სამმა მათგანმა, სახელდობრ ღმერთი სული წმინდად და ორმა მთავარანგელოზმა შეჭამეს საკვები, რომელიც მათ აბრაამმა მიართვა (დაბადება 18:8), მაგრამ მათი ჭამა განსხვავებული იყო ადამიანის ჭამისაგან. მათ არ დაღეჭეს საკვები ადამიანებივით, მაგრამ როდესაც მორჩნენ ჭამა, საკვები უბრალოდ ჰაერში გაქრა. ეს იგივეა, როგორც აღმდგარმა უფალმა შეჭამა საკვები და საკვები თითქოს დაიშალა და გაქრა ამოსუნთქვისას. რა თქმა უნდა, ფიზიკური ფორმის მიღება და აღმდგარი სხეული ერთი და იგივე რამ არ არის. აღმდგარი სხეული არის ფიზიკური სხეული დედამიწაზე, რომელიც გადაიქცა სულიერ სხეულად, მაგრამ იმ დროს სამი ადამიანი ერთად არსებობდა სხეულში, რომელიც შესაბამისი იყო ფიზიკური სივრცისათვის.

მიზეზი იმისა, თუ რატომ უნდა ჩამოსულიყო ღმერთი სული წმინდა დედამიწაზე ორ მთავარანგელოზთან ერთად იყო ის, რომ პირდაპირ უნდა შეეხედა სოდომისა და გომორისათვის. რა თქმა უნდა, ამისათვის მას შეეძლო სულად ჩამოსულიყო, მაგრამ მას მიზეზი ჰქონდა რომ ფიზიკური სხეულით

ჩამოვიდა.

ორმა მთავარანგელოზმა მიიღო ადამიანის ფორმა და ამიტომ შეეძლოთ მათ ენახათ, თუ როგორი დაბინძურებული იყო ხალხი. მათ დაინახეს ორი მთავარანგელოზის სილამაზე და მათთვის ბოროტების მიყენება სცადეს. ღმერთი სული წმინდას და მთავარანგელოზებს შეეძლოთ პირდაპირ ეგრძნოთ სოდომის და გომორის ხალხის ბოროტება, რადგან ისინი მათ წინაშე ადამიანის ფორმებით წარსდგნენ.

დაბადება 18:13-ში წერია „უთხრა უფალმა აბრაამს..." ამით ჩვენ შეგვიძლია დავასკვნათ, რომ უფალი ღმერთი იყო, რომელიც აბრაამის წინაშე წარსდგა. მაგრამ აქ წერია, რომ მან დაინახა სამი ადამიანი, ამიტომ ჩვენ ვიგებთ თუ როგორი გზით წარსდგა ღმერთი აბრაამის წინაშე.

ღმერთი აბრაამის წინაშე რამდენიმე სხვადასხვა გზით წარსდგა. მას შეეძლო თავისი თავი სიზმარში ან ხედვაში ენახებინა აბრაამისთვის, ან უბრალოდ ხმით დალაპარაკებოდა. იყო მეთოდები, რომლებითაც სულიერი სივრცე გაიღო აბრაამის წინაშე, რომელიც ფიზიკურ სივრცეში იყო, ამიტომ მას შეეძლო დაენახა და ეგრძნო ღმერთი, რომელიც სულიერ სივრცეში იმყოფებოდა. ასეთ შემთხვევებში, ადამიანი ხედავს ღმერთს და ესმის მისი ხმა მხოლოდ მაშინ, როდესაც მას სულიერი თვალი და ყურები აეხილება. თუ ვინ ადამიანს სულიერი თვალი არ აქვს ახელილი, იგი ვერასოდეს დაინახავს თუ რა ხდება სულში, მიუხედავად იმისა, რომ ღმერთი მასთან ერთად არის.

მაგრამ როდესაც ღმერთი ორ მთავარანგელოზთან ერთად გაჰჩნდა, სრულიად განსხვავებული შემთხვევა იყო. იმ დროს, არ იყო მხოლოდ სულიერი სივრცის ფიზიკურ სივრცეში გახსნა, რათა ღმერთის შეძლებოდა ყოფილიყო დასანახი. ეს იყო შემთხვევა, როდესაც იგი მართლა გამოვიდა ფიზიკურ სივრცეში. თუმცადა შეზღუდული ხარისხით, მან მიიღო ფიზიკური სივრცე და გამოვიდა ფიზიკურ სივრცეში.

თუ კი ღმერთი ფიზიკურ სივრცეში გამოვა შეზღუდული ფიზიკური სივრცით, ხალხს შეუძლია მისი დანახვა მიუხედავად იმისა, რომ მათი სულიერი თვალი არ არის ახელილი და ასეთ შემთხვევაში ღმერთის დანახვა შესაძლებელია, როგორც ადამიანის.

უფალი ძლიერი ბრწყინვალების ფორმაში

როგორია ღმერთის ძის შესახედაობა? ზოგჯერ ჩვენ გვესმის ხალხისგან, რომლებიც ამბობენ, რომ მათ სიზმარში ან ხილვაში უფალი დაინახეს. მათი უმრავლესობა იძახის, რომ უფალი იყო წყალობითა და სიყვარულით აღსავსე და ეს იმიტომ, რომ მან გასწია თავისი სინათლე, რათა ეჩვენებინა თავისი თავი წყალობით აღსავსე გამოსახულებაში. თუ კი იგი გამოავლენს ღვთაებრივ ძალაუფლებასა და ღირსებას, რომელიც შემოქმედის ღმერთის დონეზე, ვერავინ გაბედავს მას პირდაპირ სახეში შეხედოს.

ეს არის მიზეზი, თუ რატომ ვერ ვხედავთ უფალს ზეცაში (ებრაელთა 12:14). უფლის სინათლე უბრალოდ ძალიან ძლიერია. მხოლოდ ისინი, რომლებიც სულში და მთლიან სულში შედიან, შეძლებენ უფლის დანახვას, რადგან მათი სულიერი სხეულის სინათლეს ძლიერი იქნება.

იოანე მოციქულმა ხედვაში დაინახა უფლის გამოცხადება. მან დეტალურად აღწერა უფლის თვალები, ფეხები და თმა. ჩვენ ასევე შეგვიძლია მამა ღმერთის შეხედულების წარმოდგენა უფლის შეხედულების აღწერით.

აპოკალიფსი 1:14-15-ში წერია, „თავი მისი და თმანი - სპეტაკი, როგორც ქათქათა მატყლი და როგორც თოვლი, ხოლო თვალნი მისნი, როგორც ალი ცეცხლისა. ფეხნი მისნი - ცეცხლში გავარვარებული ელვარე რვალი, ხოლო ხმა მისი, როგორც ზათქი მრავალი წყლისა.“

აქ წერია, რომ უფლის თმა თეთრი მატყლივით

თეთრი იყო და ეს იმას ნიშნავს, რომ იგი ბოროტებისგან თავისუფალია და დგას სრულყოფილი სიჯეთის შუაგულში. ასევე წერია, რომ მისი თვალები ცეცხლის ალივით არის, მაგრამ ეს იმას არ ნიშნავს, რომ მისი თვალები შემზარავია. ეს ნიშნავს იმას, რომ ისინი ანათებენ არემარეს და სხვებს სითბოს აგრძნობინებენ. ასევე ეს იმას ნიშნავს, რომ მისი თვალები წვავენ ყოველგვარ ცოდვასა და ბოროტებას. არავის შეუძლია უფლის თვალებს დაემალოს და მის წინაშე ყველაფერი ცხადად იქნება გამოვლენილი. მის ფეხებზე კი წერია, რომ პრიალა ბრინჯაოსავით იყო. რაც უფრო მეტად განწმენდ, მით უფრო წმინდა იქნება ბრინჯაო. ლიტერატურაში ხშირად ადარებენ ლამაზი ქალის თვალებს ციმციმა ვარსკვლავებს ან ტუჩებს ალუბლებს ადარებენ ხოლმე. მსგავსად, იოანემ უფლის ფეხები გაპრიალებულ ბრინჯაოს შეადარა. ფეხები არის სხეულის ის ნაწილი, რომელსაც ხალხი ყველაზე ბინძურად მიიჩნევს. და იოანემ დაწერა, რომ უფლის ფეხებიც კი ყველაზე წმინდა და დიდებული იყო.

აპოკალიფსი 1:16-17-შიც წერია, „ხოლო სახე მისი, როგორც მზე, სხივმფინარი თავისი ძალით. ვიხილე თუ არა, მის ფერხთით დავვარდი, როგორც მკვდარი, ხოლო მან თავისი მარჯვენა დამადო და თქვა: ნუ გეშინია, მე ვარ პირველი და უკანასკნელი."

იოანე მოციქული ნაკურთხი იყო და ღმერთის გამოცხადების მიღების ღირსი, მაგრამ უფლის წინაშე იგი მკვდარი ადამიანივით გახდა. უფალმა მარჯვენა ხელი დაადო იოანეს და უთხრა რომ არ შეშინებოდა. ეს იმას ნიშნავს, რომ უფალმა მისცა გამოსვლის წიგნის დაწერის მოვალეობა, რომელიც გამოაღვიძებს უამრავ ადამიანს. ასევე, ეს იმას ნიშნავდა, რომ უფალმა დააამშვიდა იოანე, რათა სიმშვიდეში შეესრულებინა თავისი მოვალეობა.

ღმერთის გამოხატულება იოანე მოციქულის თვალსაზრისით

იოანე მოციქულმა დაინახა ღერთის ტახტი და ყველაფერი მის გარშემო და დაწერა ამის შესახებ გამოსვლის მეოთხე თავში. მან დაინახა შემთხვევა, რომელიც მოხდებოდა მისი დაწერიდან დიდი ხნის შემდეგ. როგორც ამ შემთხვევაში, ღმერთის ნებართვით, ჩვენ შეგვიძლია ვიყოთ ნებისმიერ ადგილას და ნებისმიერ დროს. ჩვენ შეგვიძლია დავინახხოთ ზეცა და ჯოჯოხეთი, დრო შექმნამდე და ასევე დიდი თეთრი ტახტის განაჩენი, რომელიც მომავალში მოხდება.

იოანე მოციქულის შემთხვევაში, მისი სული გამოიყო რათა სულიერი სამყარო დაენახა. აქ, სულის გამოყოფა გულისხმობს ადამიანის სულის გამოსვლას მისი სხეულიდან. ადამიანს შეუძლია სულიერი სამყაროს დანახვა ხედვით, მაგრამ ხედვაში იგი მხოლოდ ნაწილებს ხედავს. ამ მიზეზის გამო, როდესაც ღმერთს სურს რომ უფრო ფართო გამოსახულება გვაჩვენოს, იგი ამას სულის გამოყოფით ახერხებს. მაშინ, როგორ შეძლო იოანემ ღმერთის და მისი ტახტის დანახვა?

მან გადაიტანა უამრავი გამოცდა და დევნა უფლის სახელით სანამ 90 წლის გახდებოდა. იგი ჩააგდეს მდუღარე ზეთის ქვაბში, მაგრამ არ მომკვდარა ღმერთის დახმარებით. საბოლოოდ გადაასახლეს პატმოსის კუნძულზე. კუნძულზე ღრმა ლოცვით, ღმერთისგან ზეშთაგონება მიიღო. იმ დროისთვის მთლიანად კურთხეული იყო ღრმა ლოცვებით და მრავალი გამოცდით.

გამოსვლა 4:3-ში იგი ღმერთის ტახტს შემდეგნაირად აღწერს:

მჯდომარე იასპისა და სარდიონის ქვას ჰგავდა სახით, ტახტს კი გარს ადგა ცისარტყელა, ზურმუხტის მსგავსი.

ღმერთის განსაკუთრებულ განგებაში, იოანემ დაინახა ღმერთი და მისი ტახტი, მაგრამ მან ღმერთის სახის დეტალების დანახვა ვერ შეძლო, რადგან მისი სახიდან წამოსული სინათლე ძალიან ძლიერი იყო. ზუსტად როგორც ვერ ვუყურებთ კაშკაშა მზეს პირდაპირ ძლიერი სინათლის გამო, ჩვენ სანამ სიბნელე გვექნება ჩვენში, ვერ დავინახავთ ღმერთის სახეს, რომელიც არის ნათელი. ღმერთის გამოსახულების დასანახად, ჩვენ უნდა განვდევნოთ ყოველგვარი ბოროტება და უნდა გვქონდეს ღმერთის ბული, რათა სრულყოფილი სინათლე გავხდეთ. მხოლოდ ისინი, რომლებიც ზეცის მესამე სამეფოში შევლენ ან უფრო მაღლა, დაინახავენ ღმერთის გამოსახულებას.

იოანეს სული ავიდა ღმერთის ტახტთან, მაგრამ ვერ შეძლო ღმერთის სახის რეალური ფორმა. ამიტომ, მან თქვა, რომ ღმერთი იყო იასპის ქვასავით და მისი შესახედაობა კი სარდიონის ქვასავით.

„იასპის ქვასავით" ნიშნავს იმას, რომ ღმერთი გამოსცემდა სხვადასხვა სახის სინათლეებს. თუ კი იასპზე შუქს დაანათებ, მრავალი სახის ლამაზი შუქი აირეკლება და მსგავსად, სხვადასხვა ლამაზი შუქები გამოდის ღმერთიდან. იასპს ასევე გააჩნია „სიწმინდის, პატიოსნობის და სამართლიანობის" მნიშვნელობა. იოანე მოციქულმა ღმერთი იმ ქვირთვას ქვებს შეადარა, რომლებსაც ხალხი დედამიწაზე ძვირფასად თვლის.

„სარდიონივით" სიმბოლურად გამოხატავს იმას, რომ ღმერთი არის კაშკაშა და ბრწყინვალე და ცეცხლის ალივით ლამაზი. სარდიონში, რომელიც მოწითალო ფერის არის, შედის სინათლე სული წმინდისა, რომელიც ღმერთია. მამა ღმერთი და ღმერთი სული წმინდა ერთნი არიან და სინათლე, რომელსაც სული წმინდა ფლობს, მამა ღმერთმიც არის.

„ცისარტყელა" სიმბოლურად გამოხატავს დაპირებას (დაბადება 9:12-13). ღმერთმა ცისარტყელა თავისი დაპირების ნიშნად აჩვენა, რომ იგი არასოდეს

დასხიდა კაცობრიობას წყლით ნოას წყალდიდობის შემდეგ. იოანე ზურმუხტს ადარებს ცისარტყელის ფორმას, რომელიც გარს ერტყმება ღმერთის ტახტს და იქიდან გამოსულ სინათლეს. მან თავისი შეზღუდული ცოდნით ცისარტყელის შუქი და ფერები ზურმუხტს მიამსგავსა.

ზურმუხტი სიმბოლურად გამოხატავს ღმერთის სიმტკიცეს, გამბედაობას და სიძლიერეს. ლაზერული შოუს დროს ჩვენ ვხედავთ სხვადასხვა შუქებს, რომლებიც ანათებენ სხვადასხვა მომენტებში. შუქების სხვადასხვა ფერები ანათებს თანმიმდევრობით ან ერთმანეთში ერევიან და ქმნიან გრანდიოზულ სანახაობას. როდესაც ხალხი ასეთ შოუებს უყურებს, თითოეული მათგანი შუქებს განსხვავებულად გამოხატავს. ზოგმა შეიძლება ყურადღება მხოლოდ რამდენიმე განსაკუთრებულ ფერს მიაქციოს, როდესაც სხვები ცდილობენ აღწერონ ერთმანეთში შერეული ფერები.

იოანე მოციქულმაც დაინახა ღმერთისგან, ღმერთის ტახტისგან და ცისარტყელისგან გამოსული სხვადასხვა ფერები და ისინი ძვირფასი ქვების მაგალითებით აღწერა. რთულია ზეცის სილამაზის აღწერა ამქვეყნიური საგნების მაგალითებით. ამიტომ, ჩვენ არ უნდა ვიფიქროთ, რომ ღმერთისგან და მისი ტახტისგან გამოსული შუქები ძვირფასი ქვებივით არის, არამედ უნდა ვეცადოთ ვიგრძნოთ ამ ფერადი შუქების სილამაზე სული წმინდის შთაგონებით.

მონაწილეობის მიღება ღვთაებრივ ბუნებაში

მეოთხე ზეცაში ღმერთი არსებობს როგორც სინათლე, რომელსაც აქვს მელოდიური ხმა. ეს არის ადგილი, რომელსაც ყველაზე ძლიერი სინათლე და ყველაზე ლამაზი ფერები აქვს. თავდაპირველი ღმერთის სინათლის საიდუმლოება და სიწმინდე

აკსებს მთელს სივრცეს. მისი შედარება შეუძლებელია რაიმე ამქვეყნიურთან. თუ კი ვინმე ამ სივრცეში შევა, იგი დაინახავს ღმერთის იდუმალ სინათლეს და იგრძნობს მისი გულის სიდიდეს. მხოლოდ რამდენიმე არჩეულ ადამიანს შეუძლია ამ ადგილას შესვლა ღმერთის ნებართვით. თუ კი ისეთი ადამიანი შევა, რომელიც არ არის შესაფერისი, მისი სული გაჭრება.

ჩვენ ერთი გული გვექნება ღმერთთან, თუ კი სრულყოფილი სინათლის განზომილებაში შევალთ, როგორც სინათლის შვილები. შემდეგ კი ჩვენ შევძლებთ ღმერთის ძალის წარმოუდგენელი სასწაულების მოხდენას. ამისათვის, ჩვენ უნდა დავიბრუნოთ ღმერთის დაკარგული გამოსახულება და უნდა გვკონდეს ღმერთის გული. ჩვენ შეგვეძლება ღმერთთან კავშირი თუ კი განვდევნით ყოველგვარ ბოროტებას და მივალღწევთ მთლიან სულს, რათა გავხდეთ სრულყოფილი სინათლე. როდესაც ამ მდგომარეობას მივალწევთ, ჩვენ ყველაფერს მივიღებთ რასაც ლოცვაში ვითხოვთ და ზეცის სამეფომშიც მაღალ თანამდებობაზე ვიქნებით.

იმისდა მიხედვით, თუ რამდენად მივალწევთ სიწმინდეს და რამდენად დავექსტავსებით ღმერთის გულის, იმდენად შეგვეძლება გამოვიყენოთ ღმერთის სივრცე და გავცდეთ ადამიანის შეზღუდვებს და ასევე შეგვეძლება ღმერთის სახის დანახვა. მოსემ დაინახა ღმერთის სახე, რადგან ყველაზე თავმდაბალი ადამიანი იყო დედამიწაზე და ერთგული ღმერთის ყველა ტაქარში. აბრაამმა დაინახა ღმერთი, რომელიც დედამიწაზე ჩამოვიდა ფიზიკური ფორმით, რადგან იგი ძალიან ახლოს იყო სრულყოფილ სინათლესთან.

ღმერთმა შექმნა გეგმა ადამიანთა გამშენებისათვის, რათა ჭეშმარიტი შვილები მიელო და თავისი იდუმალი ძალით მან აგკავსო ყველაფრით, რაც სიცოცხლეს და ლვთისმოსაობას შეეფერება. აქედან გამომდინარე, ჩვენ უნდა ვეცადოთ, რომ არ ვიყოთ არც უსარგებლოები და არც არანაყოფიერები

ჩვენი უფალი იესო ქრისტეს ჭეშმარიტ ცოდნაში. ჩვენ შეგვიძლია მყარად დავდგეთ ღმერთის მოწოდებასა და არჩევანზე, როდესაც ჩვენს რწმენაში ავიცვსებით მორალური აღმატებულებით და მორალურ აღმატებაში, ცოდნა, და ცოდნაში, თვით-კონტროლი, და თვით-კონტროლში, შეუპოვრობა, და შეუპოვრობაში, ღვთისმოსაობა, და ღვთისმოსაობაში, ძმური სიყვეთე, და ძმურ სიყეთეში კი სიყვარული.

2 პეტრე 1:3-4-ში წერია, „რაკიდა მისმა საღვთო ძალამ მოგვანიჭა ყველაფერი, რაც ცხოვრებისა და ღვთისმოსაობისთვის გვჭირდება, მისი შემეცნების მეოხებით, ვინც თავისი დიდებისა და სათნოებისაკენ გვიხმო, რომელთაგანაც გვებოძა დიადი და ფასდაუდებელი აღთქმანი, რათა ამ ქვეყნად გულისთქმის ხრწნილებისაგან განრიდებულნი საღმრთო ბუნების თანაზიარნი გახდეთ.“

იმისათვის, რომ ღვთაებრივ ბუნებაში მონაწილეობა მივიღოთ, უნდა მივალღწიოთ სრულყოფილ სინათლეს, რომელიც საკმარისად კარგია იმისათვის, რომ ღმერთის სინათლექ შეისრუტოს. ამ გზით ჩვენ შევძლებთ ღმერთის სივრცეში შესვლას. რა უნდა ვქნათ იმისათვის, რომ მონაწილეობა მივიღოთ ღვთაებრივ ბუნებაში?

პირველი, ჩვენ უნდა ჩამოვაყალიბოთ სულის სრულყოფილი გული.

ჩვენ უნდა გავხდეთ ერთნი ღმერთთან, რომელიც სულია და ამგვარად, ჩვენ უნდა განვავითაროთ სულის სრულყოფილი გული. თუ კი ჩვენ გვაქვს ნებისმიერი სახის ბოროტება, ხორციელი აზრები ან ჩვენი საკუთარი ფიქრის ჩარჩოები, ჩვენ ვერ მივიღებთ მონაწილეობას ღვთაებრივ ბუნებაში. ჩვენ უნდა განვდევნოთ ყოველგვარი ბოროტება (1 თესალონიკელთა 5:22) და ყოველი ხორციელი აზრი (რომაელთა 8:6), რათა სულის გული გვქონდეს.

სულის გულის ქონა არის მთლიანად სულიერი, ჭეშმარიტი და გულრწფელი გულის ქონა, რომელიც ღმერთის სურს რომ ჩვენ გვქონდეს. მხოლოდ ასეთი გულის ქონის შემდეგ ჩვენ გავიგებთ თუ რა სურთ ღმერთს, უფალს და სული წმინდას. იესო დედამიწაზე მოვიდა და გამოცადა შიმშილი, დარდი, დაღლილობა და ტკივილი. მან განახორციელა ღმერთის სიტყვა და სიყვარულით აღასრულა კანონი.

მიუხედავად იმისა, რომ დიდი ტკივილის გამოცდა მოუწია, რადგან ადამიანის სხეული ჰქონდა, იგი მაინც მიჰყვებოდა ღმერთის ნებას. მას არ ჰქონია არანაირი უთანხმოება და არც ხმა არ აუწევია; იგი თავისი თავის გაწირვით ღმერთის ნებას ასრულებდა. ამიტომ, ჩვენ არ უნდა გავიმართლოთ თავები, რომ ადამიანები სუსტები არიან. ჩვენ მონაწილეობა უნდა მივიღოთ ღვთაებრივ ბუნებაში ყოველგვარი ბოროტების და ცოდვის განდევნით და უნდა გვქონდეს ღვთისმოსავი გული.

როგორი გული გაქვს შენ? მე განვმარტე კვალიფიკაციები, რომლებიც უნდა გვქონდეს იმისათვის, რომ სინათლის სივრცეში შევიდეთ და ამით შევგვიდლია შევამოწმოთ საკუთარი თავები. ჩვენ შევგვიდლია შევამოწმოთ, თუ რამდენად განვდევნეთ ხორცის სამუშაოები, ხორცის აზრები და ბოროტება; და თუ რამდენად ჩამოვაყალიბეთ ისეთი სიქეთე, რომელიც ღმერთს სურს; რამდენად გვიყვარს ღმერთი გულის სიღრმიდან; და რამდენად ვისხამთ სული წმინდის ცხრა ნაყოფს.

რაც შეეხება მშვიდობის ქონას, მაგალითად, თუ ჩვენ ყველასთან მშვიდობა გვექნება, ეს იმას ნიშნავს, რომ სულის გული გვაქვს, უფლის სინათლესთან ახლოს ვართ და რომ მონაწილეობას ვიღებთ ღვთაებრივ ბუნებაში. ჩვენ მხოლოდ მაშინ შევგვიდლია ვიქცვათ, რომ სრულყოფილი სულის გული გვაქვს, როდესაც სული წმინდის ცხრა ნაყოფს მოვისხამთ.

მეორე, ჩვენ უნდა ვილოცოთ სული წმინდის შთაგონებით.

ღმერთს არ სურს ლოცვის ის სურნელი, რომელიც მოვალეობის მიზნით არის შესრულებული. მას სურს, რომ მხურვალედ ვილოცოთ, რათა ღმერთის გული ჩამოვაყალიბოთ. ხალხმა შეიძლება ილოცოს ერთი და იგივე ხანგრძლივობით, მაგრამ თითოეული მათგანის გულის სურნელი განსხვავდება. ზოგი კმაყოფილია უბრალოდ იმ ფაქტით, რომ დღიური ლოცვის რაოდენობა შეავსეს, როდესაც სხვები ვერც კი აცნობიერებენ დროის გავლას, როდესაც ლოცულობენ, რადგან ლოცვისას ისინი გრძნობენ ბედნიერებას.

ჩვენ სულიერი სამყაროს სამუშაოები უნდა გამოვავლინოთ ფიზიკურ სამყაროში. ამისათვის ძალა უნდა მივიღოთ ღმერთისაგან, რომელიც სულიერ სივრცეში ცხოვრობს. ამიტომ, ჩვენ არ უნდა ვილოცოთ მხოლოდ მოვალეობის მიზნით. ღმერთს სურს, რომ ვილოცოთ მთელი გულით, რადგან ჩვენ იგი გვიყვარს.

ღმერთისგან ძალის მისაღებად, ჩვენ უნდა შევწიროთ სულიერი ლოცვები, რომლებიც შეაღწევენ ფიზიკურ სივრცეში და გააღებენ სულის სივრცეს. ამისათვის, ჩვენ არ უნდა ვილოცოთ მორგებულად ან როდესაც ფიქრების სხვა რაიმეთი გვაქვს დაკავებული. ასეთი ლოცვები სულიერ სივრცეში ვერ შეაღწევენ. ისინი მხოლოდ წყალში იქნება გადაყრილი. ღმერთი არ არელდება ასეთი ლოცვებით. თუ კი შენ შვილები ჯიუტად გთხოვენ, რომ ის მისცე, რაც მხოლოდ მათ სურთ, გაუმაძღრობისგან, რას იგრძნობდი როგორც მშობელი? ალბათ იმედგაცრუებული დარჩებოდი!

1 კორინთელთა 2:10-ში წერია, „ჩვენ კი თავისი სულით გაგვიცხადა ღმერთმა, რადგანაც სული ყველაფერს იკვლევს, თვით ღვთის სიღრმესაც." ჩვენ უნდა ვილოცოთ სული წმინდის შთაგონებით, რომელიც ჩვენს გულშია. ჩვენ შეგვეძლება ვილოცოთ ისეთი რაღაცეებისთვის, რაც ღმერთის ნების

თანახმად შესაფერისია და იმასაც გავიგებთ თუ რა უნდა გავაკეთოთ. ასევე შეგვეძლება სულიერი სივრცის შესასვლელის გაღება და კავშირი გვექნება ღმერთთან, რადგან სული წმინდასთან გავაერთიანდებით.

მესამე, ჩვენ უნდა გვიყვარდეს და მივიღოთ ყველა სათნო სულგრძელობით.

სულის გულში, რომელიც ღმერთის გულს ჰგავს, უკვე არის სიყვარული და სულგრძელობა, მაგრამ ვიდევ ერთხელ ხაზს ვუსვამ სიყვარულსა და სულგრძელობას. ეს იმიტომ, რომ ჩვენ უნდა შევგვეძლოს ყოველი ადამიანის სიყვარული, რადგან ჩვენ გვიყვარს ღმერტი და უნდა დიდი გული და სულგრძელობა უნდა გვქონდეს, რომ ყველანი მივიღოთ. ჩვენ სიყვარულითა და სულგრძელობთ უნდა ვიყოთ სავსენი და ვიზრუნოთ ყველა იმ ადამიანზე, რომელიც ჩვენს გარშემოა და რომელიც გასაჭირშია. ღმერთის გული ძალიან დიდია, მაგრამ იგი ისეთი მგრძნობიარე და მზრუნველია, რომ იგი ზრუნავს ობლებზე და ქვრივებზე და მიტოვებულ ადამიანებზე.

როდესაც სიყვარულით ვიზრუნებთ ყოველივე პატარა რამეზე და დავარიგებთ სხვებს ჩვენი სულგრძელობით, ეს იქნება ღვთაებრივ ბუნებაში მონაწილეობის მიღება. ჩვენ უნდა გავაანალიზოთ ჩვენი თავები და შევიცვალოთ ღმერთის სიტყვით, რათა მონაწილეობა მივიღოთ ღვთაებრივ ბუნებაში.

როდესაც სინათლის სრულყოფილი გული გვექნება და მონაწილეობას მივიღებთ ღვთაებრივ ბუნებაში, როგორც ზემოთ განვმარტე, ჩვენ შევძლებთ სინათლის სივრცეში და ღმერთის სივრცეში შესვლას. თუ კი ღმერთის სივრცეში შევალთ, ჩვენ შეგვეძლება ამ სივრცის განსაკუთრებული სინათლის დანახვა. ასევე

ვიგრძნობთ ღმერთის გულს, რომელიც ძალიან დიდია. გარდა ამისა, მიუხედავად იმისა, რომ ჩვენი ფიზიკური სხეულები ფიზიზურ სივრცეშია, ჩვენ გამოვიყენებთ ღმერთის სივრცეს, რომელსაც ჩვენს გულებში ვფლობთ, რათა ისეთი სასწაულები მოვახდინოთ, რომლებიც ადამიანის წარმოსახვას აღემატება.

1 იოანე 1:5-ში წერია "ეს არის აღთქმა, რომელიც ვისმინეთ მისგან, და გაუწყებთ, რომ ღმერთი არის ნათელი და არ არის მასში არავითარი ბნელი." თუ ღმერთის სრულყოფილ სინათლეში ვიცხოვრებთ, ეს იმას ნიშნავს, რომ ღმერთთან ერთი გული გვექნება და გამოვავლენთ დიდ ისეთ ძალას, რომელსაც ადამიანი ვერც კი წარმოიდგენს.

უფლის სახელით მე ვლოცულობთ, რომ შენ ეს ყველა კვალიფიკაცია გქონდეს, რათა დედამიწაზე ისიამოვნო იმ ყოველი კურთხევით, რომლითაც აბრაამმა ისიამოვნა და შევიდეთ ზეცის ყველაზე დიდებულ ადგილას.

დოქტორი ჯაეროკ ლი დაიბადა 1943 წელს მუანში, ჯეონამის პროვინცია, კორეის რესპუბლიკა. მის ოციან წლებში დოქტორი ლი იტანჯებოდა სხვადასხვა განუკურნებელი დაავადებებით შვიდი წლის განმავლობაში და ელოდებოდა სიკვდილს გამოჯანმრთელების იმედის გარეშე. ერთ დღეს 1974 წლის გაზაფხულს როგორდაც მისხმა დაამ წაიყვანა ეკლესიაში და როდესაც იგი სალოცავად დაიჩოქა ცოცხალმა ღმერთმა მაშინვე განკურნა ყველა დაავადებისაგან.

ამის შემდეგ დოქტორი ლი შეხვდა ცოცხალ ღმერთს გასაოცარი გამოცდილებიდან, მას უფალი მთელი გულით უყვარს და 1978 წელს ღმერთმა მას თავისი მსახური უწოდა. იგი გულმოდგინებით ლოცულობდა, რათა გარკვევით გაეგო უფლის ნება, მთლიანად შეესრულებინა იგი და დამორჩილებოდა უფლის ყოველ სიტყვას. 1982 წელს მან დააარსა მანმინის ცენტრალური ეკლესია სეულში, კორეაში და უფლის ურიცხვი სასწაულები, ზებუნებრივი განკურნებების ჩათვლით, ხდება მის ეკლესიაში.

1986 წელს დოქტორი ლი იყურთხა პასტორად კორეაში იესოს სუნგკიულის ეკლესიაში ყოველღლიურ ასამბლეაზე და ოთხი წლის შემდეგ, 1990 წელს მისი მისი ქადაგებების გაშვება დაიწყო ავსტრალიაში, რუსეთში და ფილიპინებში. მოკლე დროის განმავლობაში უფრო მეტ ქვეყანას მიწვდა შორეული აღმოსავლეთის რადიომაუწყებლობის კომპანიის, აზიის რადიომაუწყებლობის სადგურით და ვაშინგტონის ქრისტიანული რადიო სისტემის მეშვეობით.

სამი წლის შემდეგ, 1933 წელს მანმინის ცენტრალური ეკლესია არჩეულ იქნა ერთ-ერთ „მსოფლიოს საუკეთესო 50 ეკლესიაში" ქრისტიანული მსოფლიო ჟურნალის (ამერიკის შეერთებული შტატები) მიერ და მიიღო საპატიო ღვთისმეტყველების დოქტორის ხარისხი ქრისტიანული რწმენის კოლეჯისაგან, ფლორიდა, ამერიკის შეერთებული შტატები და 1996 წელს კი Ph. D. სამღვდელოებაში კინგსვეის თეოლოგიური სემინარიიდან, აიოვა, ამერიკის შეერთებული შტატები.

1993 წლის შემდეგ დოქტორმა ლიმ დაიწყო მსოფლიოს მისიის ხელმძღვანელობა ბევრი საზღვარგარეთული მისიებით ტანზანიაში, არგენტინაში, ლოს ანჯელესში, ბალტიმორის ქალაქში, ჰავაიზე, ნიუ-იორკში, უგანდაში, იაპონიაში, პაკისტანში, კენიაში, ფილიპინებში, ჰონდურასში, ინდოეთში, რუსეთში, გერმანიაში, პერუში, კონგოში და ისრაელში.

2002 წელს ქრისტიანულმა გაზეთმა კორეაში იგი აღიარა, როგორც „მსოფლიო მასშტაბის მქადაგებელი" მისი ძლიერი

სამღვდელოებისათვის სხვადასხვა ქვეყნებში. კერძოდ მისი ნიუ-იორკის 2006 ლაშქრობა, რომელიც მედისონ-სკვერ-გარდენში ჩატარდა. ეს შემთხვევა გადაეცა 220 სახელმწიფოს და მისი „2009 წლის ისრაელის გაერთიანებული ლაშქრობა,“ ჩატარებული იერუსალიმის საერთაშორისო კონვენციის ცენტრში, აქ მან გაბედულად განაცხადა, რომ იესო ქრისტე არის მესია და მხსნელი.

მისი ქადაგებები გადაეცემა 176 სახელმწიფოს თანამგზავრებით, GCN TV-ის ჩათვლით, და იგი ჩამოთვლილი იყო ერთ-ერთ 2009 წლის და 2010 წლის „10 ყველაზე გავლენიან ქრისტიან ლიდერებში“ ცნობილი რუსული ქრისტიანული ჟურნალის In Victory-ის მიერ, მისი ძლიერი სამღვდელოებისათვის.

2013 წლის ივლისისათვის მანმინის ცენტრალურ ეკლესიას ყავს 120 000-ზე მეტი მრევლი. არსებობს 10000 ფილიალი ეკლესიები მსოფლიოს გარშემო და ჯერჯერობით 125-ზე მეტ მისიონერს აქვს დავალებული 23 ქვეყანა ამერიკის შეერთებული შტატების, რუსეთის, გერმანიის, კანადის, იაპონიის, ჩინეთის, საფრანგეთის, ინდოეთის, კენიის ჩათვლით.

ამ გამოქვეყნების დღიდან დოქტორი ჯაეროკ ლის დაწერილი აქვს 87 წიგნი ბესტსელერების ჩათვლით: საუკუნო სიცოცხლის დაგემობნება სიკვდილამდე, ჩემი ცხოვრება ჩემი რწმენა I და II, ჯვრის მოწოდება, რწმენის ზომა, ზეცა I და II, ჯოჯოხეთი და უფლის ძალა. მისი ნაშუშევრები თარგმნილია 75 ენაზე.

მისი ქრისტიანული სვეტები ჩნდება ჰანკუკ ლიბოში, ჯონგანგის ყოველდღიურ გაზეთში, დონგ-ა ლიბოში, მუნვა ლიბოში, სეულის შინმუნში, კიუნგიანგ შინმუნში, ჰანკიორე შინმინში, კორეის ეკონომიკურ ყოველდღიურ გაზეთში, კორეის ჰერალდში, შისას ახალ ამბებში და ქრისტიანულ პრესაში.

დოქტორი ლი ამჟამად მრავალი მისიონერული ორგანიზაციების ლიდერია. თანამდებობები მოიცავს: გაერთიანებული კორეის წმინდა ეკლესიის თავმჯდომარე, გაერთიანებული უწმინდესობის იესო ქრისტეს ეკლესია; მანმინის მსოფლიო მისიის პრეზიდენტი; მსოფლიოს ქრისტიანობის აღორძინების მისიის ასოციაციის მუდმივი პრეზიდენტი; მანმინის ტელევიზიის დამაარსებელი; გლობალური ქრისტიანული ქსელის (GCN) დამაარსებელი და თავმჯდომარე; მსოფლიოს ქრისტიანული ექიმების ქსელის (WCDN) დამაარსებელი და თავმჯდომარე; და მანმინის საერთაშორისო სემინარიის (MIS) დამაარსებელი და თავმჯდომარე.